한국대표서정시선 6

한국대표서정시선6

초판 인쇄 | 2015년 12월 21일
초판 발행 | 2015년 12월 28일

저　　자 | 문효치 외 46인 공저
펴 낸 이 | 차영미
편　　집 | 디자인그룹 여우비
펴 낸 곳 | 서정문학
주　　소 | 서울시 강동구 풍성로 136, 삼성아파트 상가동 115호
전　　화 | 02)720-3266　FAX | 02)720-3266
홈페이지 | http://cafe.daum.net/seojungmunhak.com
이 메 일 | sjmh11@hanmail.net
등　　록 | 2008. 3. 10 제324-2014-000060호

ISBN 978-89-94807-44-7 04810
978-89-94807-06-5(셋트)
정가 10,000원

서정대표시선 ● 32

한국대표서정시선 6

문효치 외 46인 공저

contents

서 | 정 | 대 | 표 | 초 | 대 | 시 | 선

서 | 정 | 대 | 표 | 초 | 대 | 시 | 선

| 서 | 정 | 대 | 표 | 시 | 선 |

| 시 | 정 | 대 | 표 | 수 | 필 | 선 |

서정대표 초대시선

공광규 | 문정희 | 문태준 | 문효치 | 이은규 | 이훈식

공광규

· 1986년 월간 『동서문학』 등단
· 시집: 『담장을 허물다』,『말똥 한 덩이』,『소주병』 등
· 평론집 『여성시 읽기의 행복』 등

병 외 2편

공광규

고산지대에서 짐을 나르는 야크는
삼천 미터 이하로 내려가면
오히려 시름시름 아프다고 한다

세속에 물들지 않은 동물

내 주변에도 시름시름 아픈 사람들이 많다
이런 저런 이유로 아파서
죽음까지 생각하는 사람도 있다

최근에 내가 모르는 어린 작가 하나가
생활고에 자살을 했다
그런데 나는 하나도 아프지 않다

직장도 잘 다니고
아부도 잘 하고
시를 써서 시집도 내고 문학상도 받고
돈벌이도 아직 무난하다

내가 병든 것이다

흰 빛을 얻다

명절이 돌아와
차례상을 어떻게 놓을까 걱정하다가
거실 정리를 했다

벽에 기대 쌓아놓은 잡지를 버리고
창 쪽에 세워놓은 낮은 책꽂이를 치우고
키가 큰 산세베리아 화분을 옮겼다

그림을 올려놓았던 구석의 이젤을 치우고
내친김에 십 수 년을 끌고 다닌 낡은 소파와
이동식 철제 옷걸이까지 내다 놓았다

방이 훤해졌다
책을 가구를 옷걸이를 버리고
햇빛을 얻은 것이다

병풍을 거실로 옮기다가 문득
수십 년을 살면서
더 큰 집 더 큰 방을 구하느라
생을 탕진했다는 생각이 든다
집은 항상 작고

방은 항상 비좁았다.
책은 무겁고 가구는 복잡하고 옷가지가 넘쳤다

방을 비워 흰 빛을 얻었다

모래에게

싸가지 없는 위원 놈을 패려다가
집에 돌아오면서 주먹을 펴니
아무것도 없다
금간 손금 몇 개 어지러울 뿐이다

내 주먹을 빠져나간
저 모래 같은 것들

뻔뻔한 대통령은 물러가라! 앞장 서 소리치지 못하고
노동자를 내쫓는 자본가를
약자를 능멸하는 강자를 내려치지 못하고
큰 것들에게 대들지 못하고
불덩이 한번 쥐지 못하고

저 미지근하고 사소한 것들에게 맞서
사사건건 주먹을 쥐고 사느라
손바닥에 잔금만 남은 것이다

손바닥 잔금을 따라 빠져나간 것들
모래 같은 권력
모래 같은 돈

모래 같은 체면
모래 같은 모든 것들

저 모래 같은 것들에게
잡히지도 않는 것들에게 끌려 다니느라
오십이 넘도록 잔금만 쥐고 사는가 보다
저 모래 같은 것들에게

문정희

· 1969년 월간문학 신인상 등단.
· 시집:『나는 문이다』『카르마의 바다』『응』 외 시선집 등
· 현대문학상, 소월시문학상, 육사시문학상 등 수상
· 스웨덴 시카다상 수상.
· 현)동국대 석좌교수

고독의 온도 외 2편

문정희

침대에 나를 눕힌다
두 팔로 내가 나를 안아본다
무엇이 여기까지 나를 끌고 왔을까
오랫동안 시詩에게 물어보았지만
시는 답을 주지 않았다

내 몸을 흐르는 36도 5부
고독의 온도는 왜 이리 슬프고 따스한가

발원지가 어디인지 모르는 살과 뼈를 돌아
이빨 시린 언어의 끝과 시작을 건너
이슥고 당도한 오직 홀로의 문장
또 다시 설레며 아침을 부르는
이 동력은 누구의 숨결인가

나는 왜 끝내 음악이어야 하는가
두 팔로 너를 안고
나는 왜 끝내 장미가 되어야 하는가

언젠가 모래알로 부서지고야 말
슬프고 따스한 알몸의 온도
내가 내 사랑을 기적처럼 깊이 안아본다

내가 가장 예뻤을 때

– 이바라기 노리꼬*에게

사내들은 거수경례 밖에 모르고
내 나라는 전쟁에 졌다며
당신이 패전 도시에서 재즈를 흐느끼고 있을 때
내가 가장 예뻤을 때
나는 빈 밥그릇마다 유산처럼 달그락거리는 궁핍과
식민지가 남긴 폐허를 살았지
숱한 피를 흘리고도 반만 끝난 전후의 반도
전쟁이 잠복된 반 토막의 나라
처녀애들은 동상 걸린 손으로 공장으로 갔고
젊은 사내들은 모국어를 쓰는 적에게
총구를 겨누려고 북쪽 철책 끝으로 끌려갔지
서투른 이데올로기를 목에 걸고 베트남 정글까지 갔지
내가 가장 예뻤을 때
내 입술이 내 목이 예쁜 줄도 몰랐지
가시만 무성한 엉겅퀴였지
거리에는 백수건달들이 조악한 낭만주의로
호시탐탐 시대를 노리고
전쟁터에서 의수를 달고 돌아온 사내들이 출몰하여
하늘 향해 비명처럼 고함을 내지르곤 했지
쓸데없이 큰 통기타에 구제품 청바지를 입고

* 일본 전후 대표적 여성시인(1926-2006)의 제목

오줌 같이 쓴 생맥주를 외상으로 마시고 토악질을 했지
무능과 부패가 엿처럼 찐득거리는 거리에서
구두닦이들이 색시를 알선했지
아이들만 잡초처럼 태어났지
내가 가장 예뻤을 때
불의와 폭력에 대한 증오 때문에 목이 터져라
자유와 정의를 외치며 돌을 던졌지
모든 젊음은 최루탄 범벅이었지
아찔하게 짧은 미니스커트를 입고
무지한 전통이 혀를 날름거리고 있는
두려운 결혼 속으로 뛰어들었지
전쟁보다 더욱 정교하게 여성을 파괴시킨다는
결혼 외에는 어디에도 갈 데가 없었지
내가 가장 예뻤을 때

사람 옷을 입은 개

나는 사람 옷을 입은 개인지도 모른다.

개는 개 옷을 입은 사람인 것 같더라고
그녀가 말했을 때
나는 나를 보았다.
어김없이 밥을 주어도
필사적으로 목줄을 풀고 나가
알 수 없는 곳을 헤매다 돌아오는
개의 몸에 붙은 도깨비바늘에서
생명의 자유를 보았다고 그녀가 말했을 때
나는 내 몸에 붙은 도깨비바늘을 손톱으로 뜯었다.

카리브 바닷가, 검은 몰골로 죽어가는 개 앞에 앉아
그녀가 개의 눈 속에 든 개벼룩을 파내줄 때
나는 필사적으로 목줄을 풀고 나온
사람 옷을 입은 개를 발견했다.

눈에 한번 들어가면 생명을 다 파먹고야 만다는
치명적인 개벼룩이 괴로워
어딘지도 모르는 곳을
온 몸에 도깨비바늘을 달고 헤매는 나는
사람 옷을 입은 개 한 마리를 보았다.

문 태 준

· 1994년 『문예중앙』 신인문학상에 시 「처서處暑」 외 9편이 당선
· 시집: 『수런거리는 뒤란』, 『맨발』, 『가재미』, 『그늘의 발달』, 『먼 곳』, 『우리들의 마지막 얼굴』 등
· 수상: 유심작품상, 노작문학상, 미당문학상, 소월시문학상 서정시학 작품상 등 수상

가을비 낙숫물 외 2편

문태준

흥천사 서선실西禪室 층계에
앉아 듣는
가을비 낙숫물 소리

밥 짓는 공양주 보살이
허드렛물로 쓰려고
처마 아래 놓아 둔
찌그러진
양동이 하나

숨어 사는 단조로운 쓸쓸한
이 소리가 좋아
텅 빈 양동이처럼 앉아 있으니

컴컴해질 때까지 앉아 있으니

흉곽에 낙숫물이 가득 고여

이제는 나도
허드렛물로 쓰일
한 양동이 가을비 낙숫물

외할머니의 시 외는 소리

내 어릴 적 어느 날 외할머니의 시 외는 소리를 들었습니다

어머니가 노랗게 익은 뭉뚝한 노각을 따서 밭에서 막 돌아오셨을 때였습니다

누나가 빨랫줄에 널어놓은 헐렁하고 지루하고 긴 여름을 걷어 안고 있을 때였습니다

외할머니는 가슴속에서 맑고 푸르게 차오른 천수泉水를 떠내셨습니다

불어오는 바람을 등지고 곡식을 까부르듯이 키로 곡식을 까부르듯이 시를 외셨습니다

해마다 봄이면 외할머니의 밭에 자라오르던 보리순 같은 노래였습니다

나는 외할머니의 시 외는 소리가 울렁출렁하며 마당을 지나 삽작을 나서 뒷산으로 앞개울로 골목으로 하늘로 가는 것을 보았습니다

가만히 눈을 감고 생각해보니 석류꽃이 피어 있었고 뻐꾸기가 울고 있었고 저녁때의 햇빛이 부근에 있었습니다

그런데 외할머니는 시를 절반쯤 외시곤 당신의 등 뒤에 낯선 누군가가 얄궂게 우뚝 서 있기라도 했을 때처럼 소스라치시며

남세스러워라, 남세스러워라

당신이 왼 시의 노래를 너른 치마에 주섬주섬 주워 담으시는 것이었습니다

외할머니의 시 외는 소리를 몰래 들은 어머니와 누나와 석류꽃과 뻐꾸기와 햇빛과 내가 외할머니의 치마에 그만 함께 폭 싸였습니다

어떤 모사

마른 풀잎의
엷은 그림자를
보았다

간소한 線

유리컵에
조르르
물 따르는 소리

일상적인 조용한
숨소리와
석양빛

가늘어져 살짝 뾰족한
그 끝
그 입가

그만해도 좋을
옛 생각들

단조롭게 세운 미래의 계획
저염식 식단

이 모든 것을
모사할 수 있다면

붓을 집어
빛이 그린 그대로
마른 풀잎의
엷은 그림자를
따라 그려보았다

문 효 치

· 1966년 서울신문 및 한국일보 신춘문예 당선
· 시집: 『무령왕의 나무새』, 『왕인의 수염』, 『별박이자나방』등 11권
· 동국문학상, PEN문학상, 천상병시문학상, 정지용문학상 등 수상
· 옥관문화훈장 수훈
· 현) 계간 『미네르바』대표
· 한국문인협회 이사장

모시나비 외 2편

문효치

고치 속에
부처님 한 분 계신다

햇빛 같은 실로
온몸을 감싸고

눈감고 귀 막고 입 닫고
그리고 숨도 쉬지 않으면서
묵언 정진하다가

계절이 바뀌고
맑은 날 올 때
문득 툭툭 털고 깨어나

징그러웠던 몸에
날개를 달고 허공에 띄워 올릴 때

벌레는 어느덧 부처가 된다

날아라 빛

날아라 빛
먼지처럼 묻어 있는
상한 색깔을 모두 털어버리고
파랗게 빨갛게
하여튼 태양의 몸뚱이로부터
떼어 내어진 찬란한 빛깔로
온통 채색을 하며
날아라 빛

눈감으면
떠오르는 아득한 세상을
곤두선 시선으로
유리속처럼 바라보며
완벽한 자유 그 막힘없는 천지를 향해
날아라 빛

네가 갈 곳
그 끝에 고스란히 놓여 있는 사랑을 위해
어둠의 휘장을 꿰뚫어
깜깜한 바윗속을 깨뜨려버리고
힘으로 파도를 몰아가며

날아라 빛

날개에 달려있는
수많은 깃털로부터 다시
또 수많은 날개를 달아내어
바람을 휘저으며
하늘 하늘의 슬픈 사연을 휘저으며
멍멍히 메아리지는 한 마디 환호를 울부짖고
날아라 빛

호박꽃

다섯 살 난
현진이가 따다가
일기장에 옮겨 놓은 별이다

아직도
우주의 비냄새가 나는
우주의 신발 끄는 소리가 들리는

별에서 벌이 나온다

별의 살 속에서 배워 온
벌의 말을 현진이가 읽는다

수십억 광년 그 너머
때로는 넘어지고 때로는 일어서면서
기어이 여기에 와 있는
그 말

혼돈과 질서가 함께 있다가 사라진다
그 자리에 남은 말을
그 아이가 읽는다

이은규

· 2008년 동아일보 신춘문예 당선
· 시집 『다정한 호칭』

말의 목을 끌어안고 외 2편

이은규

모든 고백은 선언이다

나는 안장에 앉아 고삐를 쥔 자가 아니어라
가차 없이 채찍을 휘두르는 자도 아니어라
노래는 말이 아니어라

마부의 채찍질에도 꼼짝하지 않는
말의 목을 끌어안고 흐느꼈다는 한 사람
세상이 수근거린다 지혜를 사랑하다니, 미치광이

그가 오래 흐느낀 이유는
동물의 말을 알아 들어서가 아니다
세상의 말에 귀가 부끄러웠기 때문이다

책상에 앉아 펜을 쥔 자가 아니어라, 나는
향기로운 문장을 휘두르는 자도 아니어라
말은 노래가 아니어라

나는 누군가 늦췄다 당겼다 하는 고삐에
가다 서다를 반복하는, 어리석은 발자국
누군가 함부로 휘두르는 채찍에

고개 숙여 히잉- 먼 소리를 내는 목울대

가진 자와 가지지 못한 자
그러나 나는 이 은유를 끝까지 밀고 나가야 한다
고삐를 움켜쥔 손아귀의 힘을 상상하며
채찍을 다루는 손목의 습관을 증오하며

말보다는 노래에 노래보다는 말에
그보다 행간 사이를 서성이는 동안
초록이 진다 한들, 온다 한들 한 점 꽃이
그러나 나는 이 은유를 끝까지 밀고 나갈 것이다

오래 미치광이라 불리는 사람과 같이
가까스로 초록을 지키는 식물과 같이

검은 숲

창문을 열고 책장을 덮으면

저기 검은 숲, 강물을 따라
한 소년이 떠내려가고 있다

사람들이 속삭였지, 지치면 안 돼
그 순간 수레바퀴에 깔린 달팽이처럼
온몸이 투명하게 으깨지고 말 테니까

왜 우리가 한 번도 열망하지 않은 것들이
심장 속 열망으로 숨 쉬게 되었을까
소년이여, 대답하라

문득 지쳐버린 달팽이 한 마리
점액 몇 점으로 비명을 대신하며 사라지고
저기 검은 숲, 강물을 따라
촉수도 없이 깨끗한 이마를 드러낸
아름다운 한 몸이 떠내려가고 있다

소년이여, 대답하지 마라
왜 우리가 한 번도 열망하지 않은 것들이

수레바퀴 아래로 온몸을 밀어 넣게 했을까

속삭임으로 지그시 지긋한 사람들
늦은 안부도 후회도 없이 지난 봄
어떻게 마주해야 할까, 검은 숲의 기억을
다시 돌아올 무섭도록 짙푸른 초록을
우리는 똑바로 봐야 한다, 보게 될 것이다

한 소년이 떠내려가고 있다
저기 검은 숲, 강물을 따라

책장을 덮고 창문을 열면

벚꽃이동통신

내내 분홍색 소음에 시달린 귀, 이번 절기는 바라보는 일에 몰두하기로 한다 허공을 새어 나온 점점의 벚꽃들이 바닥을 뒹굴던 흔적, 그림자만 두고 갔다 봄이 어디로 갔는지 바다에 잠긴 목소리들은 다 어디로 갔는지 언제 다시 돌아오는지 천국보다 더 천국인 곳에서 잘 지내고 있다고 말해주겠니

행방을 수소문하듯 돌멩이 하나 던져 어룽대던 그림자를 깨뜨려본다 눈을 감았다 뜨면 다시, 무럭무럭 자라나는 그림자 그림자들 봄이 돌아올 때까지 벚꽃이동통신은 잠시 휴업 중이다 당분간 안부는 불가능할 것 그럼에도 불구하고 멈추지 않을 것, 견딜 것

아침에 떨어진 꽃을 저녁에 줍는 손처럼, 저 혼자 바닥을 뒹구는 목소리들을 성급하게 거두지 않기로 한다 들어 보았니 어느 마을에서는 집이 완성된 후 가장 먼저 집 앞을 지나가는 사람의 그림자에 돌멩이를 던진다고 한다 소음이 없는 누구도 아프지 않고 춥지 않는 그곳에서 영원히 자라나는 구름의 구름처럼, 날마다 태어나고 있다고 말해주겠니

이훈식

· 계간 『창조문학등단』(94년)
· 서정문학 발행인
· 용인문학회 고문
· 강남문학상, 창조문학대상, 자연과 꿈상
· 시집 : 『등불 하나 가슴에 달고』, 『은밀한 속삭임』, 『그리움의 심지』
· E-mail: bawoo9517@hanmail.net

비가 내립니다 외 2편

이훈식

오랜 낯익음이
낯설음의 기억으로 다가오는 두려움처럼
추적추적 비가 내립니다.
애증에 젖은 바람이 가끔
창문을 흔들고 갑니다.
밤새 뒤척이다 누군가 부르는 소리에
홀로 깨어나 앉은 시간처럼
우울로 갈앉는 기억들이
울음 그친 아이의 흐느낌 같습니다.
그리움이 짙으면 짙을수록
오히려 그리워하지 말아야 한다.
아픔이 크면 클수록
오히려 침묵을 배워야 한다는
이 기막힌 역설에 멱살을 잡고 싶은 시간
연습 없는 삶은 언제나 쓴맛과 같아서
사랑한다. 사랑한다는 말이
빈곤한 가슴에 실핏줄로 선명하게 드러납니다.
신이 내게 기억시켜 놓은 당신
끊임없는 모순과 허물과 부끄러움 속에서도
운명처럼 따라오는 거부치 못할 흐름의 자유
병든 사슴만이 사향을 익힌다는 말이

먹물처럼 가슴에 번집니다
비가 더 세차게 내릴 모양입니다
먼 천둥소리가 가까이 들립니다

비가 오는 이유

비가 한두 방울씩 떨어지기 시작할 때
서너 살쯤 되는 아이를 업은 중년 부인이
얻어 놓은 김치는 있으니
돈보다는 먹다가 남은 밥 있으면
한 그릇만 달라고 한다.
허기진 속을 채우려는 여인의 표정이
허옇게 알몸으로 드러난다.
비가 곧 쏟아질 것 같으니
들어와서 밥 한술 뜨고 가라고 해도
다른 곳에서 남편이 기다리고 있다며
막무가내로 식은 밥 한 덩이만 있으면 달라고 한다.
밥이 담긴 비닐봉지를 들고 가는 뒷모습에
찌든 울음이 잔뜩 짙게 배어 있다
얼마나 지났을까 차를 타고 나가다
옆집 처마 밑에 웅크리고 앉아

밥을 먹고 있는
세 식구를 보게 됐다
낡은 배경으로 뛰쳐나온 배고팠던 기억들이
마구 앞 유리창에 머리를 박을 때마다
아물지 않은 화상火傷처럼 눈이 따끔거린다.

눈물로 밥을 말아먹고 있을 그들에겐
빗물인지
눈물인지
그 경계가 허물어지는 오늘 같은 날이
오히려 더 마음 편한지도 모른다.
그래서 하늘도 저렇게 무너지고 있는지도 모른다.

그게 사람이지

도려내지 못한
슬픔 하나쯤 가지고 사는 게
사람이지
그 슬픔이
저녁놀처럼 밝아져 오는 날이면
한 줌 바람소리에도
뼛속까지 저리지

형벌 같은
사랑 하나 가지고 사는 게
사람이지
눈물 떨어진 자리마다
하얀 소금꽃 피는 날이면
풀잎 적시는 빗소리에도
핏물이 고이지

서정대표 초대수필선

조진기

조 진 기

· 1988년 『시문학』 평론으로 비평활동 시작
· 경남대학교 대학원장, 일본 텐리대학, 규슈대학 객원교수 역임
· 현)경남대 명예교수
· 서정문학 수필부문 심사위원장
· 대표저서: 『일제말기국책과 체제순응의 문학』 외
· 산문집: 『길에서 보낸 세월』

책 시집보낸 날

조진기

오늘도 내 작은 서재에서 글을 쓰다가 무언가 찾아 볼 일이 있어 책장을 뒤졌지만 필요한 책은 없었다. 그리곤 아차 하는 생각과 함께 시집보낸 책을 아쉬워했다.

인간의 삶이란 어떤 의미에서 무엇인가 평생 모으는 일에 바치는 것인지도 모른다. 필요에 의하여 하나 둘 모으고, 때로는 욕심 때문에 필요 이상으로 모으는 일에 집착하기도 한다. 따라서 버리는 일은 여간 어려운 일이 아니라서 그 필요성이 소멸된 뒤에도 그것을 버리지 못하고 언젠가는 다시 쓸 때가 올지도 모른다는 생각에 모아 두는 것에 집착하게 마련이다. 그것이 오랫동안 간직하고 있던 것들이라면 버리는 일은 더욱 어려운 것이다.

평생 책을 읽고 글을 쓰면서 살다 보니 내가 지니고 있는 것 가운데 가장 많이 지니고 있는 것이 책일 수밖에 없다. 1년에 한 차례씩 책을 정리하지만 버릴 수 있는 책은 그다지 많지 않다. 그래서 책을 모아 둘 수 있는 공간이 있으면 이곳저곳에 보관하다 보니 내 작은 집 가운데 세 개의 방을 채우고 마침내 다락으로까지 밀려나야만 하는 책이 생겼다. 그러던 것이 학교를 그만두면서 연구실에 있던 책 가운데 꼭 필요한 것만 가져오고 나머지는 대학원 학생들에게 나누어 주었으나, 집으로 옮기고 보니 놓아 둘 곳이 없어 빈 방에 아무렇게나 쌓아놓게 되었다. 여러 가지로 궁리를 하다가 아예 방 두 칸을 서고書庫로 만들면 가능할 것도 같았다. 그러나 다시 생각하면 내 살아생전에는 책을 옆에 두고 틈틈이 읽으면서 보관할 수 있겠지만 내 죽은 다음 아이들이 그 책을 어떻게 처리할까를 생각하면 가슴이 답답해졌다. 그래서 가족회의를 열어 책의 처리를 의논하였으나 아이들도 책을 관리할 자신이 없다고 했다.

한 때는 책이 최고의 장식품이 된 때도 있었다. 시골에서 학교를 다닌 나는 친구 집에 들렀다가 디크장식장 속에 가지런히 꽂힌 전집류를 보면서 얼마나 감격했는지 모른다. 책장 속의 책을 꺼내보고 싶었으나 열쇠로 굳게 잠겨 있어 친구에게 열어보라고 했으나 아버지가 잠가두어 자기도 구경만 했을 뿐 책은 읽어보지도 못했다고 했다. 그래도 그 친구가 부러웠고, 이 세상의 어떤 장식품보다도 값진 것이라고 생각했건만, 이제는 한낱 거추장스러운 짐이 되어 버린 세태가 야속하기도 했다.

가족회의가 있고 난 이후 나는 책의 처분에 대하여 고민했다. 나의 삶과 학문의 길로 이끌어준 손때 묻은 책들을 폐지로 처분하거나 헌 책방 여기저기에 뒹굴게 할 수는 없는 일이다. 어딘가 한 곳에 기증할 수는 없을 것인가. 대학도서관마다 연락했으나 쉬 나타나지 않았다. 몇몇 도서관에서 연락이 왔으나 필요한 책만 가져가겠다거나, 아니면 일반도서와 함께 수장하겠다고 해서 거절했다. 나는 아무런 보상을 원하지 않았고 오직 나의 책만으로 별도의 서고를 마련해주길 원했다. 마침내 대구한의대학교에서 나의 요구를 받아주어 비로소 정든 나의 책들을 시집보내기로 혼약을 맺었으나 차마 아쉬운 마음에 곧바로 보낼 수 없어 책을 정리할 시간이 필요하다고 핑계대고 한 달 뒤에 넘겨주기로 했다.

책을 정리하기 위하여 책장에 꽂힌 책들과 아무렇게 쌓아놓은 책들을 바라보노라면 마음이 처연하여 선별할 수가 없었다. 멍하니 책들을 펼쳐보다가 그 자리에 그냥 놓아두기만 했다.

나의 책 모으기는 대학에 입학하면서 비롯되었다. 시인을 꿈꿨던 나는 헌 책방을 다니며 문예지를 비롯하여 시집과 소설집을 모았다. 『현대문학』 창간호를 구하지 못하다 몇 년이 지나서 구하던 날의 감격, 정지용의 시집 『백록담』, 김유정의 『동백꽃』 등 희귀본을 구했을 때 집으로 곧바로 오지 못하고 다방에 들려 책을 살펴보며 쾌재를 불렀다. 그리고 대학 3학년이 되면서 학문의 길을 걷기로 작정하면서 나의 책 모으기는 방향을 전환하게 되었다. 문학 이론서를 비롯하여 철학, 역사학, 사회학, 심리학으로 관심 영역을 확대하면서 책의 구입과 수집은 상당하여 대학을 졸업할 무렵에는 1천여 권에 이르렀다. 그때 나를 책으로 이끌어 주었던 것은 『고문진보』에서 읽은 "가난한 자는 책으로 말미암아 부자가 되고, 부자는 책으로 말미암아 존귀해진다."는 말이었다. 가난한 시골에서 자란 내가 부자가 되는 일은 책읽기를 통하여 가능할 수도 있겠다는 심산이 없지 않았다. 그리고 마침내 그 책으로 말미암아 교수가 되었으니 『고문진보』의 말처럼 내가 얼마나 '존귀' 해졌는지는 알 수 없으나 평생 책으로 의식주를 해결했으니 책은 내게 밥이었고, 옷이었고 집이 되어 주었다. 그리하여 마침내 잡지를 제외하고 5천여 권의 장서를 갖게 되었다.

한 달이 흘렀다. 전화가 왔다. 책을 넘겨주기로 한 날이 되었다. 책은 처음처럼 그대로 있었고, 남겨두어야 할 책도 선별되어 있지도 않았다. 용달차 세 대가 집 앞에 세워지고 책을 포장하는 기계까지 가지고 도서관 직원들은 점령군처럼 내 앞에 나타났다. 그때부터 나는 당황하기 시작했고, 약속을 파기하고 싶었다. 가져가야 할 책들이 이것이냐며 기계로 묶기 시작했다. 전쟁에서 패배하고 포로가 되어 결박당하여 적에게 끌려가는 모습이 오버랩 되면서 나의 눈은 젖어들고 있었다. 대학시절 버스비를 아끼고, 점심을 굶으며 한 권씩 사서 모은 나의 책들이 순서도 없이 묶이고 있다. 원서(영어판)들이 묶이고 있다. 대학시절 원서강독의 교재로 사용했던 『Understanding Fiction』은 내가 최초로 산 외국서적이었고, 이 책으로 말미암아 평생 소설공부를 하게 해 준 책. 나의 학문적 열정이 가장 강렬했던 2년에 걸친 일본에서의 생활, 외국생활의 가난 속에서 구입한 일본서적들이 마지막으로 결박당하고 있었다. 그렇게 하여 잡서 하나 없는 알토란같은 나의 분신이나 진배없는 4천여 권이 트럭에 실려 외롭게 시집을 가게 되었다. 나는 차마 죄수처럼 포박되어 트럭에 실려가는 나의 책들과 살가운 이별도 할 용기가 없었고, 나의 딸처럼 보듬고 살아온 책들을 온전히 건사하지 못함을 부끄러워했다. 갈피마다 내 손길이 닿았던 책들이 그렇게 내 품을 떠나 낯선 곳으로 시집을 갔다. 더위가 시작되는 7월 어느 날이었다.

책을 떠나보내고 난 이후 책장에 남은 천여 권의 책을 볼 적마다 애잔한 마음이 나를 사로잡았고, 때론 글을 쓰거나 무엇을 조사하기 위하여 책을 찾다가 그 책의 부재를 확인하는 순간 느끼는 낭패감은 감당하기가 어려웠다. 한동안 시집보낸 책들을 잊기 위하여 TV 앞에서 시간을 보냈다.

몇 달이 흘러 겨울로 접어들고 있었다. 책이 정리되었다고 도서관에서 연락이 왔다. 나는 시집 간 딸을 만나는 아비의 심정으로 도서관에 갔다. 정들었던 나의 책들이 잘 정리된 서가에 〈월촌문고月村文庫〉라는 팻말을 달고 가지런히 자리하고 있었다. 눈물이 흘렀다. 그 눈물의 의미를 그때는 몰랐다. 정든 책들을 어루만지며 서가를 한 바퀴 둘러보고 아무렇지도 않은 듯 사무실에서 차를 마시고 도서관을 나와서야 비로소 내가 흘린 눈물의 의미를 생각했다. 내 평생이 오롯이 거기에 있었고, 내 평생이 〈월촌문고〉라는 이름으로 새로운 생명을 얻어 영원으로 이어질 수 있음을 확인하는 눈물이었음을 깨닫게 되었다. 동시에 그것들은 출가외인이라 내게로 다시 돌아오지는 않겠지만, 그립고 보고 싶을 때는 언제라도 찾아가서 만날 수 있다는 생각만으로도 위안 받을 수 있다는 안도감 때문이었는지도 모를 일이다. (2015)

서정대표 시선

공현혜 | 권오섭 | 김관식 | 김동석 | 김영주 | 김현희 | 김호천 | 박명옥 | 박성순
박양주 | 박은석 | 박지숙 | 박채선 | 방극률 | 방민선 | 배동칠 | 배막희 | 변순화
서귀례 | 서원희 | 신홍승 | 안영호 | 양정훈 | 염선옥 | 옥혜민 | 이원준 | 이은경
이정임 | 장봉이 | 정동철 | 정현단 | 조수형 | 진광철 | 차영미 | 최성춘 | 홍만희

공현혜

· 경상남도 통영시 출생
· 현대시문학 추천 등단
· 2010년 『서정문학』 시부문 등단
· 작가시선 동시등단
· 한국문인협회, 서정문학 운영위원, 국제PEN, 경북문협, 경주문협
· 통영문협, 경남아동문학회, 한국불교아동문학회
· 2015년 서정문학 대상 수상
· 시집: 『세상읽어주기』 외 공저 다수
· E-mail: u4only@hanmail.net

국화 꽃 외 2편

공현혜

가을비에 젖은 골목
국화 꽃잎 흩어져 밟히고 있다
좁은 길을 누가 떠났는가
가던 길 돌아 어디쯤에서
첫 울음 울고 있는 것은 아닌가

쓴 꽃잎 맛으로 살아 온 계절
조등도 없이 그저 떠날 수 있었을까
갈아엎은 논과 밭에 까마귀 떼 날아들고
농협의 부채와 뿌리 채 갈리던 내일 앞에서
꽃 핀다 해도 희망이 되지 못하는 땅
그래도 하얀 국화 꽃 피는 이유는 가을 탓

가을에,
비에 젖는 가을에는
누구도 떠나지 않아야 한다
계절 없이 만나는 하얀 죽음의 꽃 지천이라도
스스로에게 친절을 베풀어 질색하게 살아야 한다
늦은 봄이라도 찾아와 부르면 나가야 한다.

겨울 바람

파도가 물러앉은 자리
햇살이 닿아 반짝인다 갯벌
여인에서 여인으로 물려받은 호미
자루 끝에 웅크리거나 엎드린
눈부신 허리 속살에 겨울 손길 스치면
가슴에도 바람이 인다
뱃고동에 잠들고 깨고
바람의 심술에 때 없이 문 열었다 닫는
오늘 뿐인 바닷가 세상의 변방
파도의 이랑마다 떠난 사람 보이는 듯
뻘 속에서 생명을 길어 흔드는 손에
사철 없이 바람은 겨울이었다는 말 보인다
마를 날 없는 발 목 보다
여객선 지나간 뒤 밀려오는 물결 건너
뭍으로 날아가는 어린 여인의 마음
만져주는 바람이 푸른 서릿발이다.

먹이사슬

'식사를 하기 전
알아 둬야 할 것은
생명은 생명으로 살아간다는 것이다'
하시던 담임선생님 덕분에
반 아이들 도시락 차츰 낮아지더니
사십년 전 이야기를 우스개로 하는 동창 중엔
화식火食 하지 않는 도사道士가 있다
세상을 말씀으로 배우던 그땐 귀가 밝았지만
눈으로 세상 배우는 지금은 입이 밝아
어른은 없고 노인만 있다는 뉴스를 따라
천지간에 불분명한 소리만 무한 번식 중이다
깊은 도시 속으로 갈수록 먹이는 줄고
생명이 생명으로 일용할 양식을 파는 시장 넓어도
더 이상 눈으로 만들어진 집에서는 살 수 없다
나중 일이지만, 나이 들수록 싼 값일까
목소리가 클수록 비싼 값일까
걱정하지 않으려면
'식사를 하기 전
알아 둬야 할 것은 무엇이 먼저인가' 이다

권 오 섭

· 충북 충주 출생
· 2008년 『서정문학』 시부문 등단
· 한국서정작가협회회원
· E-mail: oks9685@hanmail.net

빈 잔 외 2편

낭만 권오섭

뒤뜰 무수한 사연
자랄 때마다
잔에 채워지고
다부진 젊음 들썩이도록
또, 얼마나 달빛에 숨겨
질곡의 순배 넘쳤을까

녹슨 달구지
단단한 구들장에 매여
쭉정이로 변질되는 시간
가랑비 닮은 잔걱정
무게로 눌려
으르렁 되며 넘친다.

이기지 못한 미련이
사닥다리 오르내릴 때쯤
그렁그렁한 현실
한 번 더 부정하고
잔을 채우지 말아요.
이제야-

마음, 전하셨어요?

당신께만 드리지 못한
묵힌 마음

소중함을 알면서도 전하지 못한
소통하는 마음

종잇장 무게조차 못 느낄
날개 달린 마음

받기에 익숙해서
선뜻 드리지 못한 마음

서운함도 지워버린
지우개 같은 마음

뜨거움이 두 눈을 타기 전
전해야 했을 입술보다 두껍지 않은 마음

비로소, 깨달아
앞마당 찾아 돌아온 마음

그래요, 떠나시고 열린 마음
“아버지 사랑합니다.”

하루살이 수채화

미명에 깨어
잉태의 문 여는 날
시리도록 푸른 동무
기다린 바람꽃

앙칼진 논객도
살포시 다독여
해, 바람, 별까지
아담한 들풀 이야기

무리의 아우성조차
고른 꽃무릇과
숨결마저 변조된
갈색 수채화

너른 하늘 곳간
헛헛함을 달래는 호수
고명
물수제비 올린다.

김관식

· 1954년 전남 나주 출생
· 1976년 전남일보 신춘문예 문학평론 입상
· 계간『자유문학』신인상 시 당선
· 동시집『토끼발자국』외 12권
· 시집『가루의 힘』, 평론집『현대동시인의 시세계』발간
· 한국현대시인협회 이사
· 월간『한국시』신인추천위원 및 심사위원
·『백제문학』신인심사위원
· E-mail: rlarhkstlr419@hanmail.net

바위 외2편

김관식

뜨거운 가슴
끊임없는 욕망의 불꽃으로
펄펄 끓어오르다가
젊은 혈기로 솟구쳤다.

천지가 뒤흔들리고
땅이 갈라지며
이글이글 타오르다가
사그라지고 굳어져서
벙어리 되었구나.

그날 이후 말을 잃어
비바람 차가운 서리 내리고
하얀 눈얼음으로
부서지고 무너지면서도
말 한마디
못하는 너에게 묻는다.
죽었느냐? 살아 있느냐?

네 정수리에 올라서서
네 이름을 부른다.

외치는 이름마다
대답 대신 수취거절
메아리만 되돌려 보내며

여전히
앙상한 뼈를 들어낸 체
너는
긴 역사를 한 순간에 정지시켜 놓고
왜 말이 없느냐?

가을 단상

황금빛
머리카락을 깎은
빈 들판

쓸쓸
쌀쌀

비워지고
벗겨지고

하얗게
드러나는
본질

속세를 떠나
눈에서 입으로
입에서 생각을 씹는
윤회의 쌀밥
한 그릇

백담사 가는 길

가파른 산들이
위급한
중태상황이다

계곡은
빨간 단풍
수혈 중이고

영양제 주사 줄에
생명의 물이 흘러내고 있다.

머지않아
하얀 눈
펑펑 내리는 날
병상에 누운 산은
하얀 이불을 덮고
깊은 잠에 빠져들겠다.

산수화 한 폭의 그림 같은
순백의 꿈을 꾸겠다.

김동석

· 2015년『서정문학』시부문 신인상
· 한국서정작가협회 회원
· 현) (주)서영 부사장 재직중
· E-mail: sy4141@chol.com

채송화 연가 외 2편

김동석

채송화꽃 입술에 창백함이 익어가던 시절
떠난다는 한마디 말도 없이
그녀는 붉은 꽃그림자 속으로 사라져 갔다

앉았던 그 자리엔 그녀의 체온 일렁이는데
내 심장은 뿌리내려 하얗게 삭아만 가고
이글대는 태양의 파편이 수직으로 꽂혀도
그녀의 모습 보이지 않아 심장은 내려 앉는다

교정의 채송화 활짝 웃기도 전
떠나간 그녀 발자국 따라 가고픈 마음은
시간의 태엽에 폭포수 되어 산산히 부서져 내린다

낙엽의 춤사위가 곱게 내려앉는 가을날
풍금 소리 애절하게 울어대던 그 시절
그녀의 얼굴은 겨울로 달아나고
추억도 갈바람에 흩어지는데
가슴 한켠에 남아있는 아스라한 잔영은
영원히 지워지지 않는 화수분처럼
밤하늘 별이 되어 어둠 속을 떠돈다

가을지다

안개비가 산을 가두었다
갇힌 산이 몸부림친다
황홍빛 낙엽들이 차디찬 오랏줄에 신음한다

갈바람의 칼날이 안개비를 잘라낸다
태양이 가슴을 풀어헤치면
산은 빛을 마시고 일어선다
낙엽들이 고통에서 벗어나
마지막 열정 불사르며
멍든 가슴 부여잡고 산자락에 눕는다

갈바람 흔들리는 산기슭
가을의 허물을 모은 어둠은
끝내 떠나는 영혼을 감싸 안고
검은 망토 걸치고 합장하며 휘돌고 있다

담심淡心

가을빛 곱게
바스러지는
산사 황혼녘

스산한 골바람에
수북이 쌓이는
물욕의 찌꺼기

기러기 청산 가는 길에
얹어 보내고
청담수清淡水 한 두레박
흩뿌려 주소서

김영주

· 한국외국어대학교 일어과 졸업
· 한국외국어대학교 일어과 대학원 졸업
· 서울대학교 한국어 교사양성과정 수료
·『대한문학세계』 시부문 신인상 등단
·『들꽃처럼』 시음사 동인지 참여
· 서정문학 운영위원
· E-mail: kim-yj010@hanmail.net

꽃이 지네 외 2편

김영주

6월 숲 바람에 꽃잎이 지네
가다 선 채로 몸을 낮추고 바라보니
스스로 깨닫고 스스로 행하여 피었다가
한줄기 볕뉘에도 꽃이 지고
전나무 잎새 사이 지나는 실바람에도 아련히
꽃이 지네

어쩌자고 노랗게 피었다가
한잎 두잎 떨구고 민둥머리채 쳐든 채로
소리도 없이 무심히
꽃이 지네

음지서 노란 네 꽃잎
장마 전 숲에 너조차 없으면 온통 초록인데
기약도 없이 허허공공虛虛空空
꽃이 지네

둥굴뭉스레 피었다 고요히 져 가면 흡족한지
사람만 꽃피고 지는 세월에 가슴 아릴 뿐
숲에서는 헐수할수없이*
꽃이 지네

* 헐수할수없이 : 이렇게도 저렇게도 할 수 없이

이화동 천사

성벽 틈새로 어린 시절 복원공사 터
소꿉놀이 옛 동무 얼굴이 훌쩍 날라 와 엿보이는
이화동 담벼락에 천사 날아드시면
토박이 노인네들 쇠기침 소리 잦아 든다든
이화동 계단 비단잉어가 우천에 비상하면
빛바랜 함석 처마 새로 떨어지는 빗줄기 잦아든다든
보증금 50만 원에 사글세 20만 원 벤츠가 뒷골목 누벼도
자식들 왕래 없는 시간이 멈춘 동네 생활밑천 그게 전부라더라

문화유적 성벽 덕에 개발에서 옴짝달싹 못 하는 생화석이 되랴
세월이 무상하다가도 천사 날개가 이화동 담벼락 여기저기 출몰하니
이주 노동자들 싼 방값에 몰려들어
온갖 생활쓰레기 지천으로 내어놓아도
먼 길 온 왕 서방 발길에 차일까 쥐도 새도 모르게 사라지니
오로지 보호받는 국가의 은공이라더라

구멍가게 주인장 숱한 얘기 쏟아내며 침 튀는 이화동에
하늘로 뻗은 무지개 돌계단 따라 꼬부랑 할메
월세 벌이로 장만한 명절 끼닛거리 무거니 메고 올라가시네
꽃 담장도 가을 햇살도 할메 따라
하늘 길 향해 앞서가는 이화동 천국의 계단 길

종로서 잔뼈 굵어진 내 마음에도 천사가 떠서
심중心中 쓰레기 다 절로 사라지는 이화동 길에서
어느새 꼬부랑 할메 따라 세월을 오르고 있더라

젊은 연인

같은 곳을 바라만 봐도
한 길 위에 서 있기만 해도
충만한 연인아

오늘 바람이 모질어지니
서로의 두터운 바람막이 되는
하나 된 연인아

석양빛이 거울 되어 형상을 반사해
서로의 눈동자에 각각 꽂아주니
둘이어도 어여쁘고
그 그림자 하나여도 어여쁜 연인아

누군가 웃으면
어느새 함께 따라 웃으며
서로의 심장으로 사그라지는 연인아

김현희

· 2009년 『서정문학』 시부문 신인상
· 한국문인협회 회원
· 한국문인협회 문학낭송가회 회원
· 신안문학회 동인
· 시집: 『달팽이 예찬』2015
· E-mail: haru4746@hanmail.net

친정어머니를 뵈옵고 외 2편

김현희

너무도 가녀린 당신을 뵈옵고 오니
나의 작은 가슴은
무너지다 못해 이 밤이 두렵습니다

당신은 오직 하나의 마음으로
온몸을 불사르시며
한 생을 살아내셨습니다

짙은 안개 속을 헤매기도
캄캄한 어둠 속을 더듬기도
거센 풍랑에 떠밀리기도 했습니다

당신은 고르지 못한 삶의 물결 속에서
타오르는 설움 삼키며
콕콕 찌르는 아픔까지 견뎌내셨습니다

이 밤 당신을 향한 일념으로
내 마음 갈피를 잡을 수 없어
시커먼 허공에 한 점의 당신을 그려봅니다

지금도 여전히 상냥한 입김으로

싸늘한 가슴 여며주시는 당신
당신은 캄캄한 어둠을 밝히는 촛불입니다

내 마음 꽁꽁 찍어 약이 된다면
당신 위해 모두 내어드리겠습니다
당신 마음에 무지개로 뜨겠습니다

전입 신고

나는 메타세쿼이아 나무다
온종일 우두커니 서 있는 것은
너를 기다리기 위함이다
오가는 사람들에게 우뚝 솟을
용기를 불어넣어 주느라 날마다
까치발로 오금이 저려도 너를 기다리는
즐거움으로 별을 뿌리는 일을 멈추지 않는다
낮엔 이글거리는 태양보다 더 뜨거운
마음으로 널 기다리고
밤엔 너를 밝히려고 내려온 별들과
도란도란 너를 기다린다

내가 사랑할 사람은
오직 너 하나
너를 생각하면 사지육신에 웃음이 열리고
먹구름 자욱하던 하늘에 하얀 구름 꽃이 핀다
나는 메타세쿼이아 나무다
그래서 나의 거처는
어느 아파트 몇 동 몇 호가 아니라
낮엔 태양이 이글거리고
매일 밤 별들이 내려와 속살거리는

어느 도로변 한적한 곳, 그곳에 마음을 풀었다
태양이 사라진 세상이라 할지라도
너만 있으면 따뜻하고
별과 달이 없어도 너만 있으면 환하다
이 세상 내가 사랑할 사람은 너 하나뿐
나는 너 한 사람 밖에 사랑할 줄 모른다.

낙엽의 뼈

저것은 무덤이다
한 계절을 벗어버린 나무들이
털어낸 겉치레가 묻힌 봉분이다
찬비가 몰아친 후
이미 젖어버린 낙엽들이
제 뼈 묻을 곳을 찾느라
무거운 몸을 뒤척이다 누운 곳
그것은
젖무덤을 더듬는
어린아이의 칭얼거림이 아니다
세상을 떠나면서
조용히 눈을 감는다는 것은
바람도 못 할 일이다
제 뼈를 땅에 묻는 건 짐승만의 일이 아니라
바스락거리며 스러지는 잎새들도
한 시절 붉게 타다
낙엽이 되어 포근히 제 뼈를 땅에 묻는다
무참하게 짓밟히던 자아가 소멸하는 순간
소리 없는 함성은 그 크기를 더해 간다
스스로 묻히고자 젖은 몸을 뒤척이다
골절된 낙엽의 뼈가 함몰을 메우는

스타카토의 계절
그것은 부서지기 위해 왔던 것이다.

김호천

· 전남 장성 출생
· 2010년 『서정문학』시부문 신인상 · 한국서정작가협회 회장
· 광주시인협회 회원 · 예원문학회 회원 및 동인
· 광주시문학상 작품상 수상(2013.12.16)
· 시집 : 『초원의 반란』 · 동인지 : 『연필로 쓰는 세상』
· E-mail: hcnkim@hotmail.com

비 내리는 밤엔 외 2편

김호천

비 내리는 밤.
지붕엔 빗방울의 변주.
잠이 오지 않아 그가 젖어 오는지
모습을 그리느라 잠 못 이루는지
뒤척이다 뒤척이다 부르는 것만 같아,
빗줄기 밀어 젖히고 그를 찾아서는
그리워 그리워 하도 그리워서 왔노라
차마 문 두드려 말 못하고,
울 넘어 목 빼고 기웃거리다
발자국만 어지러이 찍어 두고
맴돌다 서성이다 돌아온다.
날 밝으면 깊은 발자국 난 줄이나 알까.
창에 비춘 그림자 안고 돌아와
자리에 누워 밤을 삭인다.
이심전심일까 아침에 문을 여니
그도 잠 못 이뤄서 빗속을
왔다 간 걸까.
집 앞에 발자국을
꾹꾹 담아 놓고 간 걸 보면.

비자나무 숲길

비자나무 숲길을 걸으면
덩덩덩 울리는 목탁소리가
절 안을 휘돌아 나와
숲의 가슴에 머물다가 내게로 올 때면,
나도 목탁이 되어 덩덩덩 울리는 것이다.
오랜 면벽에 속이 빈 목탁은
제가 저를 매질하며
숲을 울리고, 산을 울리는 것이다.

제 가진 것 모두 털어버리고
큰소리로 울면, 풍경도 따라 울어
모든 잡것이 안에서 달아난다.
숲길 걸어가며 불경 읊조려
합장하며 걷는 구원자의 아름다운 모습이
삶의 길에 비틀거리는
중생의 위안처인 것을.

목탁도 원목이 부실하면
세월이 가서 먼지 들어앉으면
제 소리를 잊는 걸까.
딱, 딱, 딱.

딱따구리 나무 쪼는 소리가 들린다.

빛 바래고 윤기 잃은 목탁은 던져 두고,
새 원목 갈라 천년을 변치 않고 울릴
목탁이 살아야.
비자나무 숲길 걷는 마음도
환하게 울리는.

금

우리는 살면서 많은 금을 긋는다.
어려서 땅 따먹기로 시작해 종이에 거리에 마음에
금 이쪽과 저쪽에 나 너를 갈라 영역을 짓는다.
내가 긋기도 하고 네가 긋기도 한다.
금은 보호와 배려의 무언의 약속이요,
힘이요, 장벽이 된다.
금으로 내가 살고 때로는 곤욕을 치른다.

쉽게 지울 수 있는 금은
되돌릴 수 있는 기회가 있다.
땅의 금은 가녀린 손으로도
종이의 금은 값싼 지우개로도
금이 간 종은 달구어 거푸집에 부어 지으면 된다.
그러나, 오래 지워지지 않는
마음에 새겨진 금은
커지고 짙어 갈 뿐이다.
계층을 가르는 금
신분을 가르는 금
학벌을 가르는 금
자본으로 가르는 금.

책상에 놓였던 꽃병에 금이 갔다.
꽃 꽂아 거실 분위기를 부드럽게 했던 값진 꽃병
금 사이로 사랑의 생명수가 새자
꽃들이 고개를 숙이고 만다.
접착제를 붙인들 원상회복이 안 된다.
금 하나로 존재 가치를 잃은 것이다.

인생을 살아오면서 나는
상처 주는, 얼마나 많은 금을 그었는지 모르겠다.
너냐 나냐 하던 사이에 앙금을
예리한 날로 마음에 겹으로 그어 놓은 것 같다.
지우기 어려운 금일랑 애초 긋지 말았어야 할 것을
무모한 짓이었다.
더듬어 숨은 금을 찾아내어
혼이 다하기까지 지우면 지워질까.

박명옥

· 영월출생
· 경북문협회원
· 경주문협회원
· 마중물 동인
· 2015년『서정문학』시부문 신인상
· 한국서정작가협회 회원
· E-mail: pmk4668@hanmail.net

눈물 꽃 외 2편

박명옥

세월을 건널 때마다
한 뼘씩 굽어진 허리
앙상한 생각의 아버지

논으로 밭으로
뗏마로 휘젓던 양식사냥에
백발의 병든 몸에서
소리가 난다

병원 침대에 누워
살아남은 눈빛을
어린 손자에게 내어주는 순간

배고픈 계절
서러운 냉 아랫목도
눈물로 일궈낸 꽃밭의 기억이 되어
꼭 잡은 손 쓰다듬는다.

대나무 숲에서

도시를 벗어나
대나무 숲에 몸을 맡긴다

하늘로 오를 듯
자라난 숲에서
욕심의 끈을 바람에 풀어낸다

묵묵히 땅속에서 견딘
시간의 단단한 모습은
굳은살로 삭히는 어머니의 시간 같다

치열하게 살아도
단 한번 꽃 피우면
미련 없이 떠나는 세상을 향해
헛된 욕심대신 꿈을 꾸자고 바람이 속삭인다.

꿀맛

아이들 어릴 때는
놀다 싸우기를 반복하느라
웃음반 울음반으로 채워갔는데

밖에서 들어오는 소음뿐인
아이들 떠난 자리에 TV가 혼자 떠든다

이젠 속삭이던 소리도
고함치던 소리도 찾아내기 힘들어
조촐해진 밥상은 맛도 없다

북적거리는 주말
집에 온 아이들 위해 준비한 저녁시간
특별한 만찬이 아니어도
서로 마주보는 얼굴빛이 꿀맛 같다.

박성순

· 2012년 『서정문학』 시부문 등단, 한국서정문학협회 회원
· 아세아연합신학대학교 대학원(문학석사) 치유선교학전공
· 전)디지털서울문화예술대학 한국어센터 한국어 강사
· 가족치료 상담사, 아동폭력상담사, 진로상담사로 활동 중
· 한국문화체험강사로 활동 중
· E-mail: ciyoupark@hanmail.net

몽당연필 외 2편

박성순

키가 작아서 이름이 몽당연필이래요.
누구에겐가 할 말은 못하고
붙이지도 못하는 편지를 썼는지
손에 잡히지도 않아요.

잡히지 않는 키 작은 몽당연필을
옷소매에 가지고 다니며,
부르면 곧 달려올 것 같은 그 사람을 불러요.

하늘엔 뭉개 구름
저도 모르게 그리운 그 사람 얼굴을 그리고
키 작은 몽당연필 하늘로 쭈욱 올라와 입맞춤을 하네요.

키가 작아서 이름이 몽당연필이래요.
쓰고 싶은 사연이 많아서
다 쓰지 못한 고백들이 남아서
키가 작아도 아직은 몽당연필로 살아요.

닳고 닳은 몽당연필이라도
추운 겨울밤,
밤꽃 향 짙은 나무 향 간직한
보물이라지요.

먼 길을 가기에

먼 길을 가기에 좋은 벗이 되었으면 합니다.
먼 길을 가기에 부담 없는 벗이 되었으면 합니다.
먼 길을 가기에 제 빛을 잃지 않기를 바랍니다.
먼 길을 가기에 서로가 빛이 되어 주기를 바랍니다.

힘이 있거나
힘이 없거나
돈이 있거나
돈이 없거나
당신,
당신, 그대로를 한 여름에도 지그시 바라볼 수 있기를…

지난 가을 어느 날,
노랗게 물들인 성균관 앞 뜰에서 그렇게도 웃던
그대로의
당신.
당신을 가슴에 안고
먼 길을 가기에 고개 들어 눈부신 가을 빛 노을이 되어 주기를
바랍니다.

당신은 지금 어디까지 오셨나요?

당신은 지금 어디까지 가셨나요?

당신과 나
빗기어 가는 길 일지라도
먼 길을 가기에 작은 미소로 남는
추억이었으면 하는 바랍니다.

사계

날은 날에게 가르치지 않고
해는 해에게 가르치지 않아도
제 모양
제 모습
수 천 년을 지켜왔다.

노란 옷 입었다고
나풀거리지도 않고
연분홍 치마를 입었다고
요란하지 않다.

남산 기슭의 이름 없던 선비모양
제 모양 제 길을
여름에게 물려준다.

산천수목
푸르러 깃든 영혼 없어도
여름은
깊고 푸른 하룻밤을 빼꾸기에게 내어주고
그저
사랑했노라

그저 네것이었노라
침묵하며
붉은 적송으로
님을 맞는다.

세상이 무너지고
빛 좋은 옷들로 갈아입어도
성균관 앞뜰
두 그루 선비나무만 할까.

서울 한복판 옛 임금의 자리가 여전하고
고층 건물이 침묵하며 서 있는 아침이어도,
부산 영정도 어느 한적한 골목 안
노구의 신문배달부 오토바이 시동소리는
요란하기만 하다.

아침이다.
아침이다.

겨울 아침이다.
그 어느날 보다 눈부신,

그 어느 찰나보다 더 황홀한.

너와 나에게
갈 봄 여름 없이 오는 이 날.

그 위대한 겨울이다.

박 양 주

· 경주출생
· 경북문협회원
· 경주문협회원
· 마중물동인
· 2015년 『서정문학』 시부문 신인상
· 한국서정작가협회 회원
· E-mail: son3312@naver.com

봄 외 2편

박양주

소리 없는 비가
밤새 들판을 적시고 갔다

빗물이 겨울을 녹이고 간 자리
손톱만큼 초록이 오르는데

초록보다 먼저
꽃눈을 키운 늙은 나무

얼었던 시간은 사라지고
다시 시작하는 몸짓 눈부시다

분홍빛 마음 모은 꽃 물
눈으로 한 모금 받아 먹으니

부끄러운 듯 벚꽃은
봄 가기 전 하얗게 내린다

눈처럼 날리는 꽃잎 맞으며
다시 오지 않을 寓話같은 시간이 간다.

입추

여름을 넘길 수 있는 건
가을이 있기 때문이다

오늘은 언제나 내 인생의 여름

창밖에 부는 바람은 내 것이 아니어도
소신공양燒身供養하는 가을,
하루가 또 간다.

알

빛이 사라졌다
앞이 보이지 않는 막막한 세상
온몸을 부딪히며 유영遊泳한다

여기는 어디?
나는 누구?
종점 있으리라
빛을 찾아 달린다

나를 둘러싼 단단한 껍질을
피멍 들도록 온몸으로 부딪힌다
부서진 잔해 위를 맨발로 밟고 일어선다
알은 깨지기 위해 존재하는 것
빛을 찾아서 또다른 세상으로 달린다.

박 은 석

· 현대시문학사 동인지 『꽃그늘을 두드리다』 참여
· 사진전문지 『영상』 추천 사진작가
· 2010년 『서정문학』 시부문 등단
· 자기주도학습지도사 자격
· E-mail: 17uns@naver.com

그대를 알고 나서 외 2편

박은석

그대 선량한 목소리로 나의 단잠을 깨우게 하라
그대 투명한 입술로 금석같은 마음을 녹여
빛나는 의식이 펼쳐진 이곳이 신의 제단임을 축복하라
아마도
내일이면 끝날지 모를 일들이
그대에게 다가가리니
빨갛고 노란, 아니 푸른 식탁을 준비하라
잠시 머무를 따뜻한 온기와 함께
흰 비둘기 유영하는 반짝이는 뜰 아래
꽂은 신록과 함께 단장을 끝냈으니
나의 손길이 닿는 부끄러운 육체를 감싸고
그대 허리 뒤에서 하늘을 우러러보며
차마 잊혀진다 할지라도
그대의 몸짓에 살며시 기대어
그대의 들뜬 귓가에
신의 조용한 섭리를 말하노라

가을밤

별빛이 부서지는
하늘을 보았다
따뜻한 눈물을 모으면
흩날리는 물결이 되리라

손을 담그고
눈을 감는다

발을 담그고
가슴을 열었다

높기만 하던 어둠 속으로
금빛 비단보다 부드럽고
넘실대는 파도보다 더 간절하게

어두우면
어두울수록
더 밝아지는
소중한 그대여

행복

눈 뜨면
눈 뜨면 보일 거라고 말했다

낮은 구름 너머로
물새 슬피 우는 해질녘
그 노을 속으로

힘껏 조여진 허리춤을 푼다
한 손엔 모래
손등엔 잠시 머무는
엷은 빛살
푸른 초록은 시리다고
이슬을 터뜨렸다

세상이 다 웃는다

바닷가 아이들은
파도에 웃음을 씻고
차마 떨치지 못하는 붉은 해를
안고선 잠을 이룬다

그 누군가 그랬던가

눈 감아도
눈 감아도 보인다고

박 지 숙

· 신안문학회 동인
· 신안문학회 『동인지 섬새들의 노래』 공저
· 2012년 『서정문학』 시부문 신인상
· 한국서정작가협회 회원
· E-mail: qkr1162@hanmail.net

어머니는 어디에도 없습니다 외 2편

혜원 박지숙

어머니 뵈올 적마다
앞니 없는 어머니의 미소가
어색하기만 하다

농사일 바쁘다시며
틀니 할 시간이 없으시다더니
숭숭 뚫린 치아가 밥풀을 흘리게 한다
국물 또한 방바닥에 흥건하게 고인다

어머니는 정물처럼 고요하다
이 없으면 잇몸으로 산다지만
새카만 가슴은 설움을 삼키고
식사도 말씀도 다 잊으셨다

보이지 않은 어머니를 찾느라
나의 가슴엔 시린 바람이 일고
늦가을 햇살에 눈시울이 붉다

비

그리운 사람은 그리운 대로
비가 되고
멀리 떠난 사람은
쓸쓸함으로 비가 된다

아직 식지 않은 추억이
생채기 깊게 그으면
그리움도 쓸쓸함도
빼낼 수 없는 못이 된다

만추

늦가을 찬 바람
을씨년스런 빈 들판을 갈퀴질하고
그리움 더욱 선명하게
밝혀주는 가을밤
문득 그리운 사람의
안부가 묻고 싶어진다
오래전 잊힌 사랑이
불현듯 떠오르고
살포시 포갠 단풍잎처럼
달빛 따라 손잡고 걷던 길엔
따스한 입김 가득했었건만
지금은 스산한 갈바람 소리뿐
그리움은 젖은 낙엽이 되고
스쳐가는 바람결
갈잎 우는 소리
아롱아롱 눈물짓는다

박채선

· 한국미소문학 시부문 등단 · 시와수상문학 작가회 정회원
· 2014년『서정문학』시부문 신인상
· 한국서정작가협회 회원 · 서정문학 운영위원
· 동인 시집:『세발자전거로 가 보는 사람세상』
· 시집 :『하늘빛 연가』
· E-mail: pcs7734@daum.net

세월을 낚는 강태공 외 2편

박채선

세월의 강가에 던져둔 낚싯대에는
무언의 침묵만 흐르고
초라한 궁상으로 초릿대의
불빛만 바라보는 마음은 노심초사

깊어가는 밤 물고기들은 잠들지 않고
세상도 사랑도 얻지 못한
꼴값 못 하는 욕심 벗어두었건만
속 좁은 주판 속 현실이 채근댄다

세월 속 강태공의 어망에는
염 부진 가득한 번민과 번뇌 가득하여
물고기들의 소곤거림 가득하고
낚싯대에는 속절없는 시름만 입질하네

저 세월의 강물처럼
어둠 속에 지친 내 모습 처량할지언정
오늘은 큰 태산을 낚아야지
세월 속에 바보 물고기는 되지 않아야지

인생을 가불假拂하며

살아가며 사랑할 시간은 짧지만
소망의 세월들은 삶 속에 평행선 되어
느낌표 머무는 공간에서
시간을 털어내고 있다.

인생이란 이슬에 젖은 새벽길을 걷는 것일까
약속한 세월 따라 왔더니
삶은 바람처럼 어지러워
이정표 흐린 길목에 서성이고 있다

사랑한 만큼 가슴앓이는 커지는 것
아름답고 소중한 인연으로 흐르는 향기 따라
밝고 지혜로움 향하는 곳에
침묵으로 위안하며 묵향을 띄워 본다.

또 다른 감성을 잉태할 계절은 찾아들고
잠시 바람처럼 머물다가는 삶에
따뜻한 가슴 잃지 않기를 기도하며
내게 주어진 인생의 몫을 가불하며 허덕이고 있다

청령포에서

육지 속의 작은 섬 유배지
슬픔을 간직한 서강이여!
속울음 삼키며 흘러가는
어느 슬픈 인연

권력의 주판 속에
곤룡포 익선관 갈취당해
짧은 이승의 생을 살다간 운명 앞에
관음송은 청엽을 태우고 있나니

어디서 왔느냐고 어디로 가느냐고?
초행길을 묻는 시인에게
운명처럼 찾아온 인연이라고
솔 향기 가득한 바람 한 점
물빛 서러움의 사연 전해주네

방극률

· 2001년『문예사조』시 등단
· 2011년『수필시대』수필 등단
· 서정문학 운영위원
· 시집 :『머리 위에 산 산 위에 하늘』외 3 집
· 동인시집:『한국대표서정시선집』외 다수
· E-mail: bgy0707@hanmail.net

드라마 매력 외 2편

성전 방극률

드라마를 보면
악녀 역 맡은 이는
태어나기를 악녀였구나
선입견이었지만
선한 여인이었음을
늘 뒤늦게 알아 후회했다오

악녀가
연기장에서 하는 꼬락서니에
밥집이 망하길
늪으로 빠지길
원하며 즐겨 보았지만
드라마 작가는
자꾸 늘어진 이야기만 쓴다오

선한 여인이
악한 연기자로 변신되는 건
내가 사람을 잘 본 탓이렸다
드라마는 작가가
늘 즐겁게 보라고 만들어진다오.

자작나무 여섯 그루

봄비에 흠뻑 젖은 일렬로 선 자작나무가
어제보다 세 뼘은 자란 듯이
성숙되고 겸손하다

작은 나는
모든 것이 커 보이며
살았다지만
서러울 일이 없었다
시샘할 일도 없었다
욕망일랑 없었다

자작나무에게 보내는 내 메시지는
분명하며, 강렬하다
더 자라더라도 성숙한 인간미에
겸손의 미덕이면
또 보아줄 만하지
내가 싫어하는 모습은
빈 깡통 속에 수다 떠는 족속이었거든…

보라
저 차분한 연두색 이파리들

수선스럽지 않아 차분함도 겸비한
난형난제 자작나무 여섯 그루들…

노을을 바라보면서

노을이 잘 놀고 있구나
노을도 한 생명체로구나

서산에만 짓는다는 집 한 채
잘 지어진 둥근 집 한 채
술 서너 순배 마신 후의
붉은집 한 채

보기 좋았는데
더 놀 시간 부족했구나

이 시간 내가 간직할
귀인이여
고뇌가 없어 보여 좋았구나
다음날, 이 시간엔
꼭 나와 동행길에 한 잔 하세나.

방민선

· 인하대학교 일어일문학과 졸업
· 중앙대학교 예술대학원 예술지도자과정 수료
· 2014년 『서정문학』 신인상 등단
· 한국서정작가협회 회원
· 한국문인협회 파주지부 회원
· E-mail: pms3291@naver.com

팔봉이 외 2편

방민선

십 오년 다닌 직장 하루 아침 내던진 팔봉이
먹이고, 재우고, 빨래 해주고 정성껏 함께했는데
개천절 이후 볼 수 없다. 재봉일 삼십년 자랑
일색이더니 어느 날부터 하던 일 틀리기 다반사
집에 가는 금요일 혼 빠진 듯 허둥대기 일쑤
한 마디 인사 없이 새처럼 훨훨. 치매 오나 기억력
가물가물 툭 하면 어려워 못 하겠다 강짜 놓더니
옷, 신발, 돋보기 버리고 날아갔지. 소문에
떡 공장에서 포장한다는데 포장지 던지고 골
피우는 건 아닌지 진천으로 떡 공장 이사하면
한달에 한 번 집에 갈 수 있을까? 금요일 집에
갔다 월요일 출근하면 마음 둥둥 작업실 떠다니더니
장애인 친구 사십 명 함께 떡 포장하니 오히려
좋을까? 듣지도 못하고 말도 못하는 팔봉이
처음엔 은공 모른다 예의 없다 섭섭했는데 시간
흐르니 섭섭함 눈 녹듯 사라지고 걱정 앞선다.
기억력 더 흐려지면 어쩌나. 아버지 차비 아껴야
한다던 두 딸 구박 받으면 어쩌나. 장갑 낀 손
귀마개 감싸며 걸어올 것 같은 팔봉이. 흰 이
드러내며 배낭 매고 미안하다 씩씩하게 올 것 같은
팔봉이. 청둥오리떼 날아오르는 겨울 하늘,
오늘은 왜 이리 눈이 시린지.

지리산 연가
-세석평전에서-

어둔 하늘 주욱 깔린
별들의 잔치
또렷이 드러나는
산자락
술을 마신다
서로 맘 비우듯
바닥이 보이도록
마음을 마신다

우리,
언제 다시 만날까
새벽이면
천왕봉에서 달려온 아침 해
촛대봉에 걸릴 텐데
촛대봉에 걸려
세석평전 내려다볼 텐데

내 옆자리 비워 놓고
앞만 보고 떠나리라
나는

이강

계화 향기 그윽한 계림에 가면
이강 속에 누워 꿈꾸는 산
만날 수 있다
알을 품 듯 조심스레
자신의 품으로 끌어들이는
맘씨 좋은 강물
만날 수 있다.

눈 들어 앞을 보면
나란히 어깨 겨누고
산과 강물은 수다스런 아낙이 되고
때로는 병풍처럼 살며시 다가와
뒤에서 와락 끌어안기도 하고

배 위에서 손 내밀면
은빛 미소로 흔들리다
또 다시 강물 속으로 숨어버리는
봉우리, 봉우리들
산은 강에서 꿈을 키우고
강물은 산의 꿈을 먹고 깊어진다.

흐르는 강물 속에 산이 누웠다
수많은 봉우리 속에 물이 흐른다.
잊으려 눈 감고 돌아누워도
머릿속에 먼저 들어와 앉아 있는 산
어느새 귓가에 흐르는 강물 소리

배 동 칠

· 동국대 대학원 석사
· 2009년 『서정문학』 6기 시조부문 등단
· 한국서정작가협회 회원/ 서정문학 운영위원
· E-mail: dcbae6507@hanmail.net

마량 동백꽃 외 2편

정덕 배 동칠

1
봄 오는 언덕에 지아비 옛정 못 잊어
오백년 전설 한恨 빨간 입술 서리 발라
계절의 뜨거운 사랑 멀리 날려 보낸다

2
진초록 붉은 동백 일월 먹은 꽃망울
정열을 불살라 지은 설한의 자장가
바다 속 풍랑 잠재워 모성을 뿌린다

3
칼바람 풀 섶 이불 잠자도 꽃잎 껴안아
정절의 향기 하늘 휘감아 눈물서려
펼쳐진 꽃가지 향해 정한을 되삭인다

4
용왕님 여의주 순탄한 뱃길 추 달아
풍어제 지내더니 그 정성 파도가 알고
마량에 동백 목木 심은 지어미 은혜였구나!

낙화 속 밀알

창밖의
가지 끝 손길 잡은
하승 달 인생

세풍에
하늘거린 청춘의 꽃
삶을 다듬다

일상의
여울목 무념無念
고삐 풀린 꿈 속 깃

한 자락
시공간에서
꽃 깊이로 열린 문

빈 세월
부피만큼
씨앗 빛 여물어

낙화 속

밀알도 되어
새싹으로 돋는다

음지의 목련꽃에 새봄을

만개 전
이파리 솟는 정령精靈
서러운 순백
열린 하늘 깃는 비
땅 그늘 바닥 쥔 혈맥
음지에
숙명의 숨결
천심 춘색春色 아쉽다

활짝 필
하룻밤 향연 바람합창 보는데
생중에 더디게 굴린
햇살허공 입맞춤
세상 탓,
꽃 진 개나리
저편에서 웃는다

음과 양
삶을 행군 환경의 멍애 살풀이
가슴속 넋두리
맘 빛 펴는 무지개꿈

그 목련
벚나무 동반
양지로 새봄 줄까

배 막 희

· 2012년『서정문학』시부문 등단
· 한국문인협회 회원
· 한국서정작가협회 회원
· 서정문학 운영위원
· E-mail: feelmiz@hanmail.net

낙엽 외 2편

해향 배막희

낙엽이 진다는 건
너를 키우기 위한 거겠지
급하게 치장한 그 또아리 속에
그를 감싸 안고
폴폴 날리우는 건 그 속에 집 지은
작은 생명 때문이겠지

낙엽이 진다는 건
또 한해 잘 살았다는 거겠지
듬성듬성 구멍 난 잎사귀가
노을보다 붉게 익어갈 수 있었다는 것은
다 내어 주었다는 거겠지

낙엽이 진다는 것은
버리는 것이 아니라
채우기 위해 훌훌 털어내는 거겠지 단지
가는 길이 너무 아름답다는 것일 뿐

낙엽이 진다는 것은
죽어가는 것이 아니라
살기 위함이라는 것을 모를 뿐이지

터

어제 밤
흙 벽은 털썩 주저앉았고
어둠 속에서
루드베키아는 흔들리고 있었다

한낮
두 뼘짜리 그늘은
널 또 주저앉히고서
변하지 않았다고 한다

그 집이 무너져내렸다

버스에서

허연 머리에 빗지 않은 머리 결
평생의 거친 생이
까만 얼굴을 파고들어
주름진 골 안에 앉았다

여와~ 앉으소
입가의 웃음이
늙은 엉덩이를 의자에 앉힌다

경로석 뒤
작은 대우마저 흔치 않았을 길에
늙은 여자가
작은 의자 하나 챙겼다

헝클어진 뒷머리를 세운
주름진 그 얼굴이
화산처럼 터진다

변순화

· 경북 청도 출생
· 감리교 신학대학 신학사
· 2012년 『서정문학』시부문 신인상
· 한국서정작가협회 회원
· 서정문학 운영위원
· 한국문인협회 회원
· 한국문인협회 서대문지회 감사
· E-mail: lb0827@hanmail.net

백조 외 2편

예랑 변순화

에이세븐 에어로빅 실
여인들은 하나 둘 옷을 벗는다
화장술로 위장한 가면도 벗고
순수한 나체로 거울 앞에 선다
케이팝 최신곡이 높은 음계로 분출되고
여인들의 몸은 순식간에 마법에 걸린다
현란한 몸짓, 사라졌던 젊음이 부활되고
촉촉한 맨살에서 솟는 굵은 물방울
거친 날숨에 멍든 슬픔이 토해지고
훅 달궈진 조명빛에
엄마, 아내, 딸, 며느리가 달아난다
쉼 없는 손짓, 발짓
절정의 시간
춤의 여왕은
수려한 날개 퍼덕이며 하늘 높이 비상한다.

길

얇은 살갗에 단물 들어
고슬고슬 가을볕에 말라가는
단풍과 눈맞춤하고
침묵으로 꿰맨 옷만 걸친 그대와는
돌고 돌아도 만나지지 않을 길만 찾아
갈 빛 발자국 꾸욱꾹 만들며 걷는다
바람이 길 위에 서성인다
푸득푸득 가을비 내려 닿는 우산 속에
스무 살 살구빛 젖가슴 숨겨놓고
금생에 다부지게 지켜내지 못할 약속
가녀린 날숨으로 풀어내는 고해성사
이미 흥건히 젖어버린 길 위에
물방울 뚝뚝 떨어져 흔적 없이 스민다
바람이 구름 안고 떠나고
빗물에 씻겨 진 낙엽의 순수한 날개 짓
길 위에 길이 놓여지고
가을 속에 더 깊은 가을이 열려진다.

카페라떼

카페 소울에는
하늘 은하수 닮은 향기들이 모여 산다
창가 선반에 심심해 하품질하는 여남 권의 책,
온종일 통유리 창밖만 응시하는 오렌지 쟈스민
절대가치로 자리매김한 소녀의 "톡" 소리 나는 핸드폰
침묵으로 일관하는 한 남자의 무표정한 얼굴
일 학년짜리 새내기 엄마들의 들뜬 수다도
커피 한 잔 값으로 얻은, 서너 평 되는
내 셋방 소울에
나와 같이 살고 있다
딱딱한 걸상이 가끔 일침을 가해도
일주일에 서너 번씩 셋방살이 하는 나는
매번 행복에 젖어버리는 나를 내가 보며 웃는다
곤로 불에 그을려 흔들거리는 회색빛 기억
수국 향 발라드 곡에 섞여 묽어질 때쯤

내 입술에는
커피와 우유가 만나 열애 중이다.

서귀례

· 2014년 『서정문학』 시부문 신인상
· 한국서정작가협회 회원
· 서정문학 운영위원
· E-mail: slk2011@daum.net

달빛에 젖은 마음 외 2편

서귀례

달무리 시리게 밝은 밤
혼자서 고백하는 사랑을 품고
짓눌린 어깨 위에 앉은 바람
달빛 구름 쓸어갑니다.

재 넘어 오는 잿빛 사랑
산허리 감도는 시절로
가을날이 붉어져 내리는
추억으로 절여놓고

창가에 얼비춘 달빛 그림자
돌아눕는 길가에
가랑잎 부비는 소리
가을밤을 어루는 달빛

가끔씩 찍어내는 바람소리
여인의 마음 뒤흔들어놓고
슬픈 미소 달그림자가
각인된 가슴 똬리를 튼다.

바람 같은 사람아

뜨거운 햇살도 잠든 밤.
노을빛 타버린 고목에 기대어
여울진 하늘을 바라본다.

타버린 가슴에 쌓인 멍에들
언제나 번민의 가시를 새우던
보잘것없는 미련들
남은 기억으로 잠들고

깊고 쓸쓸한 세상에
버려진 한 자락 바람에도
들꽃 바람에 나붓대는 허기진 사랑
서러운 노을빛 슬피 울고

뜨겁게 눈물 흘리며 기다린 세월
가슴에 묻어야 할 아픈 사랑의 열매
타석된 망부석이 되어 버린
라식된 율법의 굴레 흔들어 놓고

그리움의 물결로 마음만 앞서가는
갈색 바람의 향기처럼

긴 여정 속에 울게 해놓고
아니 온 듯 와버린 무상념에 젖는다

얼룩진 세상

이별의 서러움이
차마 초 한 자루 못 밝히고
평온한 안식 어디론가 사라져
거친 비바람만 몰아친다.

기약 없는 기다림
젖은 꽃잎이 하얗게 떨어져도
혼자 외로움 가슴에 품은 용기
한술에 인생을 논하며
고즈넉한 노년의 삶이

세월은 흘러서 깊어만 가고
안주 속에 불어오는 구름을 타며
감사의 풍랑이 노도를 탈 때
희나리 된 마음 문루에 걸친 채로

햇살이 내리지 못하여
수없이 흐르는 세월 속 인생은
필연의 인연으로 맺어놓고
갈망의 눈동자 밤을 새운다.

서 원 희

· 경북 군위 출생
· 2013년 『서정문학』 시부문 등단
· 한국서정작가협회 회원
· E-mail: jewon27@hanmail.net

한철 사랑 외 2편

서원희

더 붉기 전에
떨구어 내리라

서리꽃 지듯이
녹아지는 인연

칼날 선 냉기가
가슴을 베기 전에

천 길 불길 속을
너를 안고 뛰어들까

잠시 머문 한철 사랑
늦가을 낮달로 지고 있다

외사랑

마음에 네가 가득한데도
넌 늘 갈증으로 남아
곁에 두고도 아파하고
마주보고도 아득하니
차라리
네가 나였으면 좋겠다

산다는 건

스쳐 지나는 무심한
바람 한 점

길가에 외로이 홀로 핀
키 낮은 풀꽃

저 하늘을 지치지 않고 날으는
한 마리 작은 새

그게 바로 너고 나다

산다는 건 그런 거다

웃고 있어도

어금니 물고 독하게 살다
쓸쓸히 지고 마는

고독한 긴 여행길이다

신홍승

· 강릉원주대학교 산업정보경영공학과 졸업
· 2009년 『서정문학』 시부문 신인상
· 한국서정작가협회 회원
· 강원 춘천시 거주
· E-mail: univerese@naver.com

당신 기다리고 있을게요 외 2편

신홍승

안녕하세요
수줍은 인사 나누며
당신의 생글거리던 얼굴을 보면
마음은 가슴 높이로 바닷물에 일렁이는 듯
하루에도 몇 번씩
우리를 파도 타게 하던 말
안녕하세요
또 인사해줄 것 같아서
걸어오는 당신을 바라보고 서 있으면
키득키득 웃으면서 인사를 했다
그 인사에 화답하는데
웃음이 나왔다
당신도 웃음이 터져 얼굴이 새빨개졌던
마르지 않는 선한 기억 속
보고 싶은 당신
6월이 되면
다시 봉사활동하러 온다는
당신의 말은 곧 보게 될 밀물같이
추억 속에 젖은 갯벌처럼
기다리게 했다.

상쾌한 기분!

추수가 끝난 금빛 들녘에 멈췄다
삶의 끝자락에 쉼
이글거렸던 정열의 태양도 서늘하다
바람이 어깨를 스치며 간다
자연이 언제나 내 곁에 머물러 준다는 게 고맙다

첫 당신의 통화

처음으로 당신에게
전화를 해보려고 하면
당신을 좋아한다는 소문이
금방 사람들 사이에 퍼뜨려질 텐데
감당해내지 못할 것 같이
생각만 해도 아찔했다
평화로운 듯
조용히 넘어갈 수 있었다
마음은 늘 똑같이 고요하게 흘러 줄 텐데
돌멩이 같은 생각은
자꾸만 던져서
파문을 일으키고 싶어했다
기어코 눌러버린 당신의 전화번호
마음의 준비를 할 틈도 없이
여보세요 당신의 목소리가 들려왔다
저 저에요 대답하여도
아직은 모르는 듯
누구세요 하며 당신은 물었다
얼떨결에 이름까지 말해 버리고 나니
머리는 모르겠다
내 이름을 한번 불러보는 당신의

많이 놀란 듯 떠는 목소리를 들으며
아무 말도
할 수가 없었다
그냥 갑자기 막 전화를 걸어보고 싶었어요
장난인 듯이 빠르게 둘러대며
그만 수습해 버리고 있었다
잠시 침묵이 흘렀다
숨을 가다듬는 소리인 듯 들려왔다
알았다 들어가라 하는 당신의 목소리가
맥없이 주저앉았다
네 대답하자 끊어져 버린
전화 밑으로 못내 아쉬운 마음들이
열어 달라는 듯
혼란스러운 가슴 속은 쿵쾅거렸다

안 영 호

· 2010년 『서정문학』 시부문 신인상
· 한국서정문학작가회 회원
· 계간 『에세이문예』 작가회 회원
· 강진문인협회 회원
· 시집 : 『머물고 싶은 세월』, 『세상살이 엿듣기』
『우리 꽃 야생화 잔치』
· 수필집 : 『가르치며 배우고 배우면서 가르치고』
· 자서전 : 『CBO 출발에서 마무리까지』
· E-mail: anyoung119@hanmail.net

석류 외 2편

안영호

투박한 얼굴에
수줍은 듯
화사한 웃음 지어 보이며
양귀비보다 요염한 모습으로
토해내는 붉은 보석 알들

남몰래 숨겨둔 사랑
안으로만 삭이다가
열어젖혀 내민 속살
핏빛울음으로
토해내는 그리운 노래

한 알을 입에 넣어 깨무니
새콤달콤한 과욕에
붉은 웃음 고인
당신의 마음을
이제야 조금은 알 것만 같다.

유품

아내가 떠난 지
숱한 세월이 지나
출가한 딸이 유품을 보내왔다.

병마와 사투하면서
손수 짠
나의 목도리였다.

살아생전 느껴보지 못한
아내의 짙은 사랑에
왈칵 눈물이 났다.

세파에 밀린 목도리기에
두를까 말까 망설이다
그냥 두르기로 하였다.

두르니 어색하기보다
아내의 정을 느껴서인지
포근하고 따뜻했다.

몇 십 년 만에 맞는 한파에도

감기 한 번 없이
추운 겨울을 무사히 보냈다.

봉숭아

장독대 옆에서
태양을 업고
봉숭아꽃이 많이 피어
살며시 다가가
그간 안부를 물었다.

올 여름 나기가
무척 힘들었지?
아마 힘들었을 거야
나도 무척 힘들었단다.
위로하니

사랑하는 마음
더 이상 감출 수 없는지
보여줄까 말까?
터트릴까 말까?
새빨간 입술을 달싹이다

당신에게 드릴 것은
씨앗뿐이라며
씨앗주머니를

탁- 탁- 탁-
터트려 주었다.

양정훈

· 대한문학세계 등단
· 서정문학 운영위원
· LG화학 근무중
· E-mail: a23722357@gmail.com

그리움의 밤 외 2편

도연 양정훈

그리움으로
잠 못 이루는 불면의 밤

마음 구석진 곳에서
애잔한 바람이 불어온다

그리움 싣고 와
메마른 가슴에
빗방울을 뿌리려나 보다

시들어 가던 너의 모습
싱긋하게 피어 오르고

밤의 요정이 된 너는
날이 새도록 내 마음을
흔들어놓는다

첫눈이 오기 전에

풀벌레 노래소리
가을달 불러내어
온누리 비추는데

그리운 님
보이지 않고
외로움만 커져가네

님 기다리는 마음
장승되여
달빛 아래 서 있고

쓸쓸한 소슬바람
휘어감고 지나가네

첫눈이
오기 전에

달빛자락 내려오는
누각에 마주앉아

달이 기울도록
차 한 잔 마시고 싶네

찻잔에 비춰진 내 모습

차 한 잔에
담겨 있는 여유로움
나를 바라보게 하네

무심히
바라다 보니

찻잔 속에 비춰진
부끄러운 내 모습

드러날까 두려워
찻잔을 비워버렸네

얼마나 깨끗하게 닦아내야
부끄럼 없는 나와 마주앉아

차 한 잔을 나누며
하늘을 이야기할까

하늘은 내 스스로
알고 있다고 말이 없네

염선옥

· 2015년『서정문학』시부문 당선
· 한국서정작가협회 회원
· E-mail: tell2000@naver.com

달이 다라이만치 되면 외 2편

염선옥

동전 크기였던 달이 다라이만치 되면
현실이란 바늘에 이상의 실을 걸고
타진 밤과 새벽을 칭칭 꿰매느라 밤을 새웠다
멍든 새벽 비탈면에 가 죽은 축축한 검은 잎들
제가끔 제 넋을 찾아 나오는 유령 같은 이들
사라진 거리 목소리
그러면 모든 것들이 뚜벅뚜벅 내면에 걸어 들어와
스멀스멀 가슴을 타고
토사물처럼 경계석에 마구 쏟아졌고
깔린 새벽은 짐승처럼 울어댔다
송골송골 맺힌 땀방울 새벽을 적시고
어딘가 꽂히길 바라는 하얀 종인
그렇게 글 무덤이 되어갔다
신을 주장하는 사람들
사랑을 찾는 사람들
정의를 노래하던 이들 침묵하면
흥분은 최고조가 되어
꿰매놓은 밤과 새벽은 가랑이를 벌렸다
터진 봉지 사이로 흘러나오는 감성
머릿속엔 죽음 직전 매미가 웽웽
달이 반으로 부러졌다 딱!

종전

밤이 똬리를 트는 시간이 되면
뱀이란 놈은 우듬지에 숨어
썩은 등걸 같은 몸짓하며
버둥거리는 한 어두운 그림자에 드리워진
고통과 탄식에 침묵했고
생명이 탄생하는 공간에
진으로 범벅된 생명의 미동에
노란 눈동자조차도 깜박 않고 앉아
해의 탄생을 목도했다.
생과 사
마침내 달이 허물을 벗고
모로 누운 풀을 전부 적시면
죽어가던 벌레는 되살아나고
죽음은 끝이 났다
종전이 되었다
지랄 같은 밤은 그렇게.

시월

배 까집고 자던 아이가 배를 덮으면
돌확에 고인 빗물에서 바람 소리가 나면
전날 걷던 길은 낯선 가을이 된다.

한 마리 새조차 보이지 않아야 비로소 하늘이 높이 날고
매미가 죽고 나야 바람이 노래하는 수줍은 가을
내내 짜서 입은 화려한 자신의 외투
고이 벗어 오색 융단을 깔면
없던 곳은 길이 되고
있던 길은 숲이 된다.

늙어가는 일 년의 끝자락 시월아
늙어감이 너처럼만 화려하다면
정인의 속처럼 부리는 몸과 마음의 변덕이야
속절없는 흰머리쯤 삼았을 텐데
푸른향 하나 남아있지 않은 생의 끝자락이라도
화려함이 있어 다행이구나.

시월은 시인의 자궁과 같아
고목 밑동에는 남몰래 움돋이 자라고
장님 눈앞에도 그림이 펼쳐진다

아이 손에 묶인 은빛 풍선 하나처럼
두둥실 마음이 달아나는 가을의 시작
시월이다.

옥혜민

· 조선대학교 국어국문학과 졸업
· 2010년 『서정문학』 시부문 신인상
· 한국서정작가협회 회원
· E-mail: hmi1790@naver.com

가을의 심心 외 2편

옥혜민

가을이 되니 나무에
단풍이 들어 좋다.

가을이 되니 내 마음에도
단풍의 모습이 스며든다.

가을이 되니 감나무에
감이 열리고,

가을이 되니 황금들판
곡식이 익어간다.

가을이 되니 하늘이
푸르르고 맑아진다.

가을이 되니 행복한
마음이 자라난다.

가을은 스산함으로
물들어간다.

물병

물을 담은 병 하나
내 마음을 담아

힘든 이웃이나
힘들고 외로운 이들에게

마시고서 힘내라고
전해주고 싶다.

물병에 행복을 담아
힘들고 지친 이들에게

마시고서 힘내라고
전해주고 싶다.

물병에 위로를 담아
힘들고 지친 친구에게

마시고서 힘내라고
전해주고 싶다.

위로가 되어 주고 싶다.

행복

하루하루 힘든 삶을
사시는 이웃들에게

코스모스처럼 피어난
꽃을 드리고 싶다.

외로움에 힘드신
이웃들에게

힘든 마음을 달래어줄
꽃을 드리고 싶다.

삶은 힘들고 지치지만
이 모든 아픔의 시간을
이겨내야 한다.

이원준

· Embry-Riddle Aeronautical University 졸업
· 현) 주식회사 토보로 대표이사
· 2015SUS『서정문학』 시부문 신인상
· 한국서정작가협회 회원
· E-mail: kevin.wj.lee@daum.net

얼굴 외 1편

이원준

자, 이제 모두들 자~알 알고 있는
그대들의 음부를 깃발에 달자, 펄럭이자.
저~어 멀리서도 확 알아볼 수 있도록, 위로 위로
스스로의 표식을 세차게, 진하게 흔들어라.
너만 모르는 너를, 그래서 네가 아는 나는 언제나 다르다.
그러니 제발 나만 모르는 나를 서운타 말고
아물지 않는 상처하나
아부지 엄마, 마누라 자식새끼,
예수님 성모님, 석가모니부처님, 글쟁이 환쟁이든 뭐든,
널 꼼짝 못하게 하는 하나, 그대로를 얼굴로 삼자.
그래서 그 얼굴 그대로, 깃발 하나씩은 하늘로 높이 세우고
그 꼬라지 그대로 사랑할 수 있게
개업집 풍선 인형 마냥, 바람 불어오는 대로,
미친 듯 생각없이, 단순하게, 아름답고 고귀하게,
조금씩 왼쪽에서 오른쪽으로 나는 너를, 너는 나를
우리는 두근대며 만나자.

가을

너무 좋아할 것도
너무 싫어할 것도
없다. 연극이니깐.

가슴 속 우려낸 아리따움은
내가 쓴 잘 짜여진 각본이다.
기억하라, 싱싱한 생선은 쉬 상하고 만다.

얼어 죽기 전
피붙이들에게 젖을 끊었다.
떠나 보내야 한다. 결국 내가 살아야 한다.

사실이 아니라 숨어든 환상이다.
축제를 열자꾸나.
형형색색의 이별을…
노래하고 춤추며 예찬하라.

너는 너의 각본대로
나는 나의 각본대로

철부지 거짓들은 분장에 몰두한다.

언제나 뒤늦은 허망함이…
알지 못하고 외롭다.

이별

무언가 '울컥' 목이 메이고 '핑' 눈물이 돈다.
누가 볼까 황망히 내뱉은 헛기침이 외려 서글프다.
울지도 못하고 웃지도 못한다,
알지도 못하는 너의 이별이
나의 이별과 다르지 않다.

살아있는 모든 것에는 끝이 있다더라.
매일 조금씩 너를 떠나는 내가 죽어가고,
마지막이 시작의 자리가 된 당신이 남는다.
양 손에 웅켜진 미련이 허허롭게 불상하다.
누가 누구를 떠나 보내는가?

아버지의 고단한 시간을
아들은 아비가 되어 마주한다.
살아있는 모든 것들은 끝이 있다더라.
순간 시간이 멈추고 움직이지 않으면
당신과 내가 남고, 아들들은 떠나간다.

이은경

· 경북문협회원
· 경주문협회원
· 마중물동인
· 2015년『서정문학』시부문 신인상
· 한국서정작가협회 회원
· E-mail: dl2568@naver.com

낙과落果 외 2편

이은경

반갑지 않은 비바람에
밤잠 설치는 아버지

여름내 자식 키우듯
알알이 매만져 키운 열매 흠집 날까
불안한 마음에 담배로 밤을 지샌다

어슴푸레 날 밝아오면
기세등등한 과수원 바람 속으로
걱정이 현실이 되지 않길 빌며
속옷차림으로 달려가는 아버지

자신의 땅에 정신없이 뒹구는 낙과 줍는 모습에
차마 말 건네지 못하고
뒤돌아서는 내가 멍든다

막걸리 한 잔으로 속을 달래고
다시 삽을 든 아버지
떨어지지 않으려 버티는 열매처럼
오늘도 땀을 흘린다.

오일장

낡은 보따리 창칼인 듯 끼고 앉아
꾸벅꾸벅 조는 여인
기다림에 지친 병사 같다

주름을 세월의 훈장처럼 이마에 달고
힘든 삶의 훈련으로
볼품없이 닳은 손이 지탱하던 버스
비포장에서 덜컥
대지의 울림임으로 알고 눈을 떴다
눈을 떴다 감기 수차례
졸음 가득한 눈에 힘주며
허리의 전대錢臺 다잡아 멘다

출정 준비는 끝났다
그녀의 전쟁터 오일장
텃밭서 일군 보따리 속 채소
후한 인심을 무기 삼아
단내 나는 전쟁터에서 승리를 다짐한다
전대錢臺 가득 전리품을 꿈꾸며
보자기를 펼친다.

두 어깨

백발의 그녀
걸음마 연습하는 아이처럼
흔들거리며 힘겨운 걸음 내딛는다

백발의 그는
첫 딸 걸음마 지켜보듯
손 불끈 쥐고 옆을 지킨다

예전의 언약 하루하루 지키며
나이 드는 그들에게
병마는 작은 일이다

서로 어깨 기대며 걷는 길
그 뒤로 지는 단풍 곱다

배경으로 깔리는 단풍보다
구경하는 사람들이 빛난다.

이정임

- 대구출생
- 경북문협회원
- 경주문협회원
- 서정문학회회원
- 마중물동인
- 2015년『서정문학』시부문 신인상
- E-mail: ani0817@hanmail.net

초대 외 2편

이정임

8월의 태양이 바쁘다
얼마 걷지 않아도 땀이 줄줄
사람들로 붐비던 공원 빈자리에
말랑하게 익어가는 도로의 바람이 밀려온다

그늘을 찾아 분주히 움직이는 개미 위로
탁_
나무에 목이 걸린 길 잃은 가오리연 그림자 흔들린다

지나온 나의 시간에
연鳶처럼 놓쳐버린 건 무엇일까

힘들게 초대한 행복은 잠시 머물다 가버리고
지나간 시간들을 돌아보면
잡히지 않는 것들만이 길 위에 뒹굴고 있다.

고향

봉숭아 물들이기 싫었다
고향집 마루 끝에 앉아
손톱에 물들이는 일은
어머니의 일이라 생각했을 뿐이다

오늘,
딸아이 손을 잡고
봉숭아물 들이고 있는 나는
꽃물 들어가는 손톱에
아이의 건강을 바라고
사랑을 기원하던 어머니 손의 분주함을 본다

그때 봉숭아 물들이는 걸 참말로 좋다고 해줄 걸
서로를 돌봐주는 따뜻한 눈길만으로도
행복이 별건가 싶은 고향의 저녁이 저문다.

용서

하얀 점으로 내리던 눈이
상처로 얼룩진 세상을 덮듯이
과거라는 이름으로 아픈 상처를 묻었다

저항 한번 못해 보고
군용트럭에 실려가던 그 아이
빼앗긴 나라에 태어난 죄로
사람임을 버려야 했던 그날들

상처가 무뎌져
생각은 굳었지만
느낄 수 없는 용서의 세월은 멈추었다

그 아이 사라져간다
세상이 돌아보지 않는 날마다
조금씩 사려져간다

더 늦어지기 전에
그를 기억하고 잊지 않겠다고
용서를 구할 수 있을까
하얀 점으로 내리던 눈이
눈물 섞인 진눈개비로 내린다.

장봉이

· 경기 양평 거주 · 시인, 아동문학가
· 창조문학신문사 신인문학상
· 서정문학 8기(2009), 15기(2010) 신인상
· 한국문단 문우 회원
· 양평문인협회 감사 · (사)한국평생문우협회 회원
· 잣나무 가든/ 펜션
· 시집 :『손등에 피는 꽃』(2012년)
· E-mail: 1111jjang@hanmail.net

꽃 비빔밥 외 2편

장봉이

꽃 밥을 먹는 사람들 입에서
꽃 냄새가 나부낀다.
꽃 밥을 먹는 사람들 얼굴에서
오색 꽃물들이 번져온다.
꽃들은 사람들에게
아름답게만 봐 달라 했는데
사람들은 꽃들을 사랑한 나머지
가슴에 묻기 위해 먹는다 했다
사람들이 비벼대는 꽃 비빔밥에서
꽃들의 울음소리가 들려왔다
사람들이 먹고 있는 꽃 밥에서
꽃들의 비웃음소리가 들려왔다
자신을 바쳐 사람들을 행복하게 한 꽃들이
자신을 피워 사람들을 기쁘게 한 꽃들이
사람들 입마다 근조꽃등을 밝히고 있다.

노숙자들

집을 떠난 사람들이
거리에서 대합실에서 지하도에서
온몸을 삐걱거려 가며 품위도 있게
종이박스로 자신의 집을 짓고 허물며
몇 점 남은 꿈과 희망을 소진해 간다.
매캐한 현대 속을 헤매는
탄탄한 문명의 담벼락들은
하루하루를 마천루로 만들고
배회하다 길을 멈춘 나그네들은
천길 먼 희망의 벼랑에서 봄을 기다린다.
더 이상 해탈할 것도 없는 인생살이
친근하게 익숙해져 가는 문명의 뒤풀이에
이미 그들은 외면 된지 오래지만
그들은 낯선 이곳을 천국이라 부르며
새벽을 두려워하지 않으며
희망과 용기를 가슴마다 채우고 있다.

살다보면

무엇을 먹고 입을까
어디를 갈까 말까
현실은 대답해 주지 않지만
열매가 맺힐 때가 되면
알게 된다,
내가 어디로 갈 곳과 말 곳을 알고
무엇을 먹고 입을 것인가를 알게 된다.
우리가 책임질 일은 무엇이며
우리가 지켜야 할 정의는 무엇인가
현실은 늘 대답해 주지 않지만
낙엽이 떨어질 때가 되면
알게 된다.
내가 무엇을 책임져야 하고
어떤 것이 내가 지켜야 할 정의라는 것을.

정동철

· 2015년『서정문학』45기 시부문 등단
· 서정문학작가협회 회원
· 현)포스코 근무
· E-mail: jjddcc123@hanmail.net

바다를 걸어온 허리 외 2편

정동철

어부의 아낙은
허리로 바다를 걷는다
한숨처럼 빨아먹는 낙지의 땅
축 처진 젖가슴이 뻘밭을 더듬는다
발바닥에만 의존해 걷는 것이 힘겨워
갈퀴 같은 손바닥의 힘을 빌린다
조개들의 진드기 같은 삶의 질곡
징그럽다 무시하던 갯바위
껍데기란 껍데기 덮어쓰고
세상에게 불만을 터뜨리고 있다
바다와 지아비만 바라보고 살아온
고지식한 어부의 아낙은
오늘도 갯바위 깔고 앉아
죽어가는 굴 껍데기를 뒤집어 살점을 뜯는다
먼 바다 간 지아비가 뱃머리에
만선 깃발 달고 돌아오든 말든
따로 주머니를 채워야 하니까
어찌할 수 없는 연유로 이녁이
돌아오지 못 하는 날을 대비해
조새의 끝날을 치켜세우고 있는 것이다
바닷가에서 사는 방식을 터득한 어부의 아내

세월의 소금 간에
허리를 녹녹하게도 내어주고 말았지만.

노동

어젯밤도 잔업을 하고
별빛 위안 받으며 퇴근을 했다
씻는둥 마는둥 물칠 하고는 밥 한 술 뜬다
졸리운 눈으로 TV 화면 몇 알 집어 먹는데
아내의 틀에 박힌 고함소리 앙칼지다
양치질하고 그만 자란다
양은 냄비 찢어지는 그녀의 잔소리
모정이었던가
무아의 경지에 빠져들었건만
뻐꾸기 금새 새벽을 알린다
반 생을 살아온 습관이지만
숨이 붙어 있는 나에게 산다는 것은
닭이 먼저냐 달걀이 먼저냐와 같은 무제
이상도 현실 앞에서는
숨 고르기를 하기 위한 하나의 소모품
옳다 그르다 따지는 것은 거추장스런 이유일 뿐
그나마 움직이지 않으면 작은 숟가락에
밥이고 국물이고를 담을 수가 없으니
형편 없는 노동이라도 할 수밖엔
노동은 밥줄이요 생명
노동이 죽는 날이면 나도 죽는 날

죽는 날까지 노동은 살아 있어야 한다
사는 이유가 무엇이건 간에
질긴 내 목숨이 살아있기 때문에…

참새의 뒷담

전깃줄에 웅크리고 앉아
인간 뒷담 까는 참새들
불법 총포들이
외출 나오지 않는 세태가 좋아진 건지
겁을 상실했다
서민 아파트 한 채 값보다 비싼
에쿠스도 아우디도 몰라본다
지 아래는 아무것도 없다는 듯
똥을 찍찍 깔긴다
자동차에 떨어진
허연 매화꽃문양만 보면 열받는 인간
잡히기만 하면 죽여버리겠단다
성깔난 인간의 마음
안개 자욱한 아스팔트 길을
투덜대며 걷는데
뿔난 뒤통수에 대고
참새 쫑알댄다
왜 우리 뒷간에다 차는 대고 지랄이야.

정현단

· 함평 출생
· 제32회 청마백일장 수상 외 다수 입상
· 경북문협 회원. 경주문협 회원. 마중물 회원. 시뜨락 회원
· 2015년『서정문학』시부문 신인상
· 한국서정작가협회 회원
· E-mail: dan_70@hanmail.net

그 날 외 2편

정현단

1991년 그날의 봄
성난 파도 덮쳐와
뒷걸음질하는 내 발목을
사나운 개 되어
물고 늘어지던 꿈
생시 같더니
잠긴 목울음 끝에
아버지의 비보가 도착했다
마지막 고향 길
동행하지 못한 가슴엔
천근 바위 들어앉고
찻길에서 대문 안까지
세상의 바람 나뭇잎으로 흐느끼던 날
지금도 목이 메여
밤마다 창을 두드린다.

생명 구멍

生과 死 기로를 밝히는
붉은 글 선명한 중환자실
뇌수술 이후
큰아들 장가 보내고 가야한다는 끈
부여잡은 어머니
살면서 막내딸까지 시집보내려 했던 욕심이
담談으로 쌓여 가르릉거린다
가뭄에 물꼬 틔우듯 목에 틈을 주니
바람 잠든 보리밭처럼 편안해진 숨쉬기
잠든 얼굴이
홀로 남겨질 아버지 걱정에 붉게 일어날 때
내 손은 푸르게 떨렸다
잠깐 돌아온 의식에 몇 마디
목의 틈으로 흘러나오지 못하고
어린 새가슴처럼 뛰는 소리 젖었다
훈장처럼 흉터를 생기고 호전된
다른 환자 보며
그런 날 오리라 하던 농담도
무의식상태로 모두 가져간
구멍에
지금 굵은 주름진 목 메인다.

찻잔 속 꽃

귀가 한 아이와 마주앉아
따끈한 향으로 만나는
찻잔 속 꽃

멈춰 있던 향이
찻잔 속에서 다시 피어나는데
발그레 얼굴 살아나는 아이 보며
눈 쌓인 나의 하굣길 지키며
볼 감싸주던 어머니 생각은 왜인가

밭일에 고운 얼굴 감춘 어머니도
외출할 때면
입술에 립스틱을 바르고
찻잔 속 꽃처럼 다시 피는
여자였다

아이에게 건네는 차 한 잔
아이 기억 속 오늘도 그리운 날 되어
나도 한 송이 꽃 되고 싶다.

조 수 형

· 2008년『서정문학』시부문 등단
· 서정문학 기획국장
· 문학광장 수필 등단
· 시집 :『속주머니에 숨겨둔 사랑』등
· E-mail: samsa13@hanmail.net

대못 외 2편

서 필 조수형

오랜 세월 한 자리 지킨
꽃그림 떼어 내니
곰삭은 그 시절이
밑그림으로 오롯이 머물러 있다

누구나
하나쯤 품고 사는 상처
잊는다고 잊히고
묻어버린다고 묻히겠는가
상처자국 커지듯 커지는 고행인 것을

되돌릴 수 없는 여정
애써 외면하지만
가슴에 박힌 대못 하나
호박琥珀이 되어
아직도 하얀 꿈에 젖어있다

자작나무 숲

그곳에는
언젠가 찾아올
누군가를 기다리는
인동초의 침묵이
하얗게 잠들어 있다

가슴속까지 훤히 드러낸 채
칠흡 버버리 같은 통곡으로
칼바람에 맞서는
뼛속까지 시린 속울음이
서리서리 얽혀 있는 곳

한 겹 두 겹 모두 벗어주고
바람에 묻어온 무소식에
속앓이하는 외사랑
자작자작 서성인다

섣달그믐 밤
달빛 걸친 자작나무는
눈밭에 뒹구는 그림자 밟으며
살풀이춤을 춘다

고향으로 가는 버스

두메산골 고향으로 가는 버스에
사람만 탄다는 편견을 버려라
호박, 고추, 고구마줄기까지도
버스를 타야만
저녁상에 오를 수 있고
강아지와 닭도
홀로 사는 할머니 친구가 될 수 있다

할머니 등처럼 삐걱대는 버스 안
이혼한 딸년 발가벗겨
통로 바닥에 새워놓고 가슴치고
어미 잃은 손주새끼
재능상 받았다는 자랑에 한숨지으며
김장해 놓고 십 년 만에 친행한
베트남 며느리 소식에 미소 짓는다
검둥개가 백구 낳은 것이 온 동네 화재가 되고
고래등 같은 집 짓고 사는 서울양반 이야기
선술집 술상에 오르겠지만
시국이야기에 귀 닫고
마을의 백년 역사와 근동 소식이 생중계되는 시골버스
함박웃음과 한숨 섞인 눈물 싣고 고개를 넘는다

오는 말 받아주고 가는 정 넘겨주는
돋보기 쓴 운전기사
기억자로 등 굽은 할머니 후진하여 태우고
세 발로 걷는 할아버지는
정류장 벗어난 외딴집 앞에 내려준다
보따리 받아 싣고 내려주며
비탈 밭에 뒹구는 이야기 실으러
산 그림자 밟으며 고향으로 달려가는 버스

적적하던 외딴집 할머니
오늘 저녁엔
공갈 젖 물고 잠든 젖 뗀 강아지
어미 잃은 손주새끼 품듯 보듬고
깊은 잠을 청하겠구나

진광철

· 강원도 원주 출생.
· 2012 한국민족서예 특선 · 2013 한국전통서예 특선
· 2014 행촌서예대전 특선 · 2015 신사임당 이율곡 서예대전 입선 등
· 2015년 『서정문학』 시부문 신인상 수상 · 한국서정작가협회 회원
· E-mail: jinkc@hanmail.net

겨울비에 젖어 외 2편

진광철

철 모르고 내리는
겨울비를 맞으며
사막처럼 메마른 세상에서
얼마나 가슴을 적시며 살고 있는지
기억을 더듬어 본다.

비에 젖은 나뭇가지에
한 줄기 찬바람이 일어
차가운 공허함은 가슴에 찾아오고
언젠가 허울벗듯 떠날 날
미련 없이 떠날만큼 살고있는가

봄비는 신록의 숲을 위하여 내린다지만
겨울비는 무엇을 위하여
내리는 것일까
쓸쓸한 세상에 흩뿌리며
황혼녘을 서성이는 자들에게
갈 길을 재촉하는 듯한데

온몸이 흠뻑 젖도록
겨울 비를 맞으면
그때 우리는 무슨 옷으로 갈아입고
내일을 향한 발걸음을 옮겨야 할까

바닷가를 걸으며

짙은 밤 안개가 松花처럼
내리는 새벽
단풍과 결별중인 바닷가 나무를 본다.

안개비 뿌연 시야를 뚫고 드러난
낙엽 떨어진 모랫길은
미욱한 해변으로 나를 이끌고
잿빛 바닷물과 모래는
밀고 당기길 반복하며
새벽부터 수평선을 그어 놓는다.

바그작 부서지는 백사장 모래는
내 낡은 신을 거부하지 않고
발자국마다 모래방석을 내어준다.
네가 허락한 따스함에
조심스레 옮겨간 추억의 걸음걸이

솔밭은 조용한 침묵
바닷물과 모래는
여전히 밀고 당기고 있으며
세상의 날은

어제처럼 밝아온다.

등 뒤로
낡은 신 신고 걸어온 이 해변은
당신과의 인연처럼
끝없이 이어져 있네…

눈감으면 추억이 찾아온다

나는 어느날 앨범처럼 펼쳐진
기억의 조각을 모아 떠올려 본다
옛 이야기를 떠올리면 미연한 웃음이 지어지며
추억에 한 두 방울씩 꽃물이 든다.

추억을 거슬러 먼 옛적 이야기가
비탈길 타고 날 찾아와
이야기로 만들어지는 시간들

문득 옛 기억을 떠올려 본즉
첫 설렘의 기억이 난다
내 마음은 빙긋이 웃음을 띠고
햇살을 머금은 네 모습이
함박웃음 지으며 서 있었다.

삶의 무게로 어둡던 어느 날
나는 또 다시 눈을 감고
네 모습을 떠올리는데…
너를 떠올리는 내 가슴속엔
고향도 산골소년도 첫사랑도 친구도 다 있었다.

차 영 미

· 방송대 미디어영상학과 졸업
· 편집디자이너
· 2009년 『서정문학』 시부문 신인상
· 2015년 『시와세계』 등단
· 도서출판 서정문학 대표
· E-mail: kd487@naver.com

장례식이 온다 외 2편

차영미

요양원 복도는 차가운 연분홍이었다
머리 빗고 매니큐어 칠해야 한다는
젊게 웃는 국화꽃 속 외할머니는

소녀처럼 기다리고 있었다
술잔을 붓고 있었다
상복 입은 손자는

네가 누구냐 수십 번씩 묻던
마지막 목소리에 자꾸 떠다녔다

"치매가 오면 걱정이 없어 얼굴이 더 고와지나 봐"

지루한 관속처럼 국화 향 지천이다
화장장 모퉁이에 가을이면 국화화분을 사던 여인이 웃고 있다

영락공원 화장장 내려오는 길, 귓가에 스치는
"니 손주새끼 키워봐야 암 소용없다."

카랑카랑한 햇빛이 일어서는 정오였다

나도 내가 낯설다

방파제 끝에서
구름이 일어선다
낯선 이야기가 웅성대고 있다
빛이 색깔을 잃고 소리도 잃는
숨을 들이쉬면 바다가 들어오는

꾸역꾸역 먹은 기억들을 뱉어내고 있다
울음같은 것들이 엉키고
느낌표와 물음표들이 올랐다 스러지고
부서지고 있다

어머니의 양수를 생각하면 숨이 막힌다
기억은 어디서 단절된 것일까
내가 만들어졌다는 바다를 이야기하면
멀미가 난다

출구를 잃은 등대의 불빛이 뿌옇게
버림받은 바닷속 그물인양
두려움은 길 잃은 부표처럼 흔들리고 있다

이것은 너와 나의 강제적 경계
아직 풀리지 않는

사라지는 골목

깨진 화분 사이로 질긴 한숨들이 일어선다 잠시, 윤기가 번들거린 것은 인공눈인양 온기가 빠져나간 빌라 팻말이 검게 떠 있다 '출입금지' 재건축을 기다리는 미로같은 길, 골목을 걸었다

LED가로등이 새 지번을 기억할 수 있을까 낡은 수레에서 엉덩이만 빠져나온 폐지 묶은 책갈피 속 지폐인양 잊혀질까 어둠이 머리를 들이밀고 콤파스처럼 눕는다

뎅그렇게 비어버린 고향, 패인 담벼락 사이로 초승달이 스미고 있었다 고향집 개구멍 같은 골목은 모로 서 있었다 밤늦은 발자국이 슬그머니 들어서면 기침소리처럼 백열등이 꺼지곤 했다

인도도 없는 찻길이 버벅거리고 집들이 낯설게 서 있었다 웃자란 아이는 헛걱정을 말아두었을까 키 작은 잔상이 자꾸 돌아보는 한밤,

뉴타운의 붉은 꿈은 해체되었다
사라지는 것이 각인되는 것인양

최 성 춘

· 한국방송통신대학 행정학과
· 현)서울시 자양동에서 침구류 사업
· 2015년 『서정문학』 시부문 신인상
· 한국서정작가협회 회원
· E-mail: csc671229@daum.net

시에 취해서 외 2편

최성춘

시 한 줄 읽었을 뿐인데
정신이 몽롱하다가
두 줄 세 줄 더 읽어 내려가니
이젠 취기가 돈다

시에 취하니 빙빙 도는 세상
기쁨과 슬픔 아름다움으로
가득 차 울다가 웃다가
감정조절도 어설프다

마음이 외롭고 쓸쓸할 때
읽는 한 줄의 시
채워지지 않는 공허한 마음을
달래는 묘약이다

잘 쓰인 시에 술을 섞고
숙성을 하니 시에서 아름다운 향기가
피어오르고 매일 한 줄씩 읽어가는
동안 나는 시 중독자가 되어간다

잔칫날

상견례 마치고 혼례를 치르는
배추와 무 하객들로 그의
친구들 쪽파 당근 갓 미나리는 손에
고춧가루 생강 마늘 참깨를 들어 축하하고

멀리 바닷가 마을에서 온
천일염 청각 굴 새우 까나리는
멍석을 깔고 혼례를 치르는 자리에
일손을 돕는다

산비탈 조금만 밭뙈기에서 만난
신랑 각시 배추와 무는
겨울나기를 다짐하고
그렇게 정략결혼을 올렸다

신랑 각시와 흥겨운 혼례장에서
열리는 잔치 흠씬 젖어드는
분위기에 맛깔스러운
김장 김치가 만들어지고

하객들이 먹는 잘 삶긴 수육 한 점에
막걸리가 놓였다

낙엽을 태우며

낙엽의 연기 갈바람에
춤사위 펼쳐 떠나가는
가을 여인의 영혼 달래는 진혼무
가슴이 에이고 눈물을 머금는다

따뜻한 봄날 연둣빛
저고리 차려 입고
수줍은 새색시로 다가와
가을날 고운 옷 바람결에 나풀대며
한껏 멋을 부리던 나뭇잎

회색빛 연기 휘날리며 불 타올라
화려한 시절의 아름다움은
꿈결 같은 세상 속으로 사라지고
넋은 쓸쓸한 가을 구천에 사무친다

단풍이 물들었던 산야를
아우르는 슬픈 진혼곡
깊은 골짜기 곳곳에 스며들고
가을 여인을 서럽게 떠나 보내는
절규의 소리가 구슬프다

홍 만 희

· 서울과학기술대학교 문예창작학과 졸업
· 2012년 『서정문학』 시부문 신인상 수상
· 공무원문예대전 시부문 수상(행정자치부 장관상)
· 시집 : 『책 한 권』
· 공저 :『한국대표서정시시선4 · 5』
· E-mail: 571014@daum.net

윤정분* 외 2편
-구절초

홍만희

우주의 행성들이
숨을 죽일 때
산통 느끼는
가느다란 선홍빛 경련
여기저기 터지는 속울음
내면의 통증이다
자세히 들여다보면
꽃이 꽃으로 피기까지
당신은 꽃이 아니다
아득한 시간이다

* 윤정분 / 불명 광명심. 불교심리대학원 재학 중, 불교모임인 통불회에서 신행활동.

극빈

버릴 것 버리고
취할 것 취하고
정신만 남은
꽃대 하나
그 자리에서
시어를
주워 담는다
아직 아물지 않은
희고 흰
뼈대 하나

손금정* 명창
–고운점박이푸른부전나비

삼동三冬을 견뎌내고
뙤약볕에 담금질하며
모질게 드러난 몸짓

그 끝자락에
해당화, 꽃고비
겹쳐
소리 열린다

사뭇
다가서는
부전나비
천축天竺에
가 이르렀나

* 손금정 : 주요무형문화재 第57호 경기민요이수자, 노원구소재 '우리소리전수소' 운영

서정대표 수필선

박응보 | 소재수 | 윤송석 | 이재성

박응보

· 2011년『서정문학』소설부문 등단
· 서정문학 제주지부 지부장/서정문학 운영위원
· 한국서정작가협회 회원
· 산능대학 경영정보학과 졸업
· GBC(극동 비즈니스 스쿨) 중소기업 경영과정수료
· 비즈니스 컨설턴트
· E-mail: pakisung@naver.com

수집벽 실패기

박응보

경제력이 있는 사람은 돈이 되는 물건을 수집하고 그 반대의 사람은 돈이 안 될 물건을 모은다. 차라리 폐지나 고철, 헌옷가지라도 수집하면 얼마 간의 돈이라도 수입으로 연결이 될 터인데 왜 그러는 걸까. 이름 있는 화가의 그림이나 희귀성이 있는 물건들은 투자가치도 있어서, 수집하는데 즐거움이 있을 것이다. 가끔, 정계나 재계에서 이름이 떴던 사람들이 이런 저런 사정으로 법원압류과정에서 고가품들이 나온다.

그럭저럭 생활하는 데 걱정이 없다 보면 무엇인가에 손을 대고 싶어진다. 술, 도박, 글, 여행 등등 한번 깊이 빠지면 좀체 헤어나오지 못하고 만다. '글'에 빠져서 패가망신하는 경우도 있다 하니 주의할 일이지만, 문학으로 망하는 게 아니고 각종 시험에서 2수, 3수 하다

보면 시험에 떨어지는 것을 당연하게 여기고 말아서 '만성적 불합격 불감증'에 걸리고 만다는 것이다. 취미삼아 하나둘 모으던 물건이 쌓여서 집안이 어지러워도, '술이나 노름에 돈 쓰는 것보다 낫지 않느냐' 면서 아이들을 달래줄 때를 생각하고 아내는 내편인가 착각하는 날이 장날이었다.

책장에 수반을 받쳐서 모양을 어필시키며 진열된 수석들은 좀 조잡해도 매일매일 보고 있으면 수석 닮아 보인다. 그 돌이 있던 장소와 수집하던 날들을 같이 생각하면 더 정감이 간다. 곱지 않은 사람이라도 자기 식구가 되어 같이 생활하다 보면 자연히 매력을 발견하는 것과 같을 지도 모른 다.

방 청소를 하던 아내가 청소기 자루로 진열대의 수반을 건드려 수석이 아내 발등 위로 떨어지고 말았다. 집안에 있던 수석들이 집밖으로 내던져져서 수석들이 한낱 돌멩이로 변하는 순간이었다. 진열된 수석 말고도 주워 모은 돌들이 꽤 있었는데 집밖에 아무렇게나 쌓여져 있는 것은 진짜 돌멩이들이었다. 수석 전문가가 '제주도의 돌은 화산석이라서 수석이 되기 어렵다.'는 말을 들은 후라서 신경질 부리는 얼굴을 억지로 지으며 내다 버리고말았다. 수석이 될 돌은 화강암이나 현무암으로 갈고 닦으면 빛이 나고 무늬가 생기는데, 화산석은 갈고 닦아도 빛은 고사하고 구멍만 숭숭하다 했다. 그러나 깊은 산속에서 큰 돌멩이가 골짜기를 따라 흐르는 냇물에 굴려 깔려있는 바위에 부딪치고 부딪치면서 바다까지 내려가면서 둥근 돌이 될 때까지 몇 세기를 걸렸을까. 상상도 가지 않는다.

이번에는 돌에서 풀로 전환하였다. 국화가 그것이다. 첫해 네 가지 품종, 직경 32센티미터 크기의 화분 여덟 개만 가꿀 때는 괜찮았다. 5월 초순에 국화 어린 가지를 삽식하여 뿌리가 충분하게 내린 6월 중순경에 화분에 옮겨 심는다. 가지를 두 개나 세 개 정도로 조절하고 한 가지에 꽃봉오리 하나만 남기고 부지런히 달리는 꽃봉오리만 제거하면 11월 초순에 탐스러운 꽃이 피었다. 지나가는 사람이 '화원을 경영해도 되겠습니다.' 하는 인사를 할 정도였다. 다음해에는 국화 품종을 17개나 늘리고 화분도 40여 개에 이르렀다.

국화 육종과정에서 꽃에만 신경 쓰고 병충해는 도외시했는지 몰라도 진딧물, 응애, 심식충 등 해충과 흑반병, 배수병, 백분병 등 병해는 한번 침투했다 하면 쉽게 회복되기 힘들고 꽃이 피어도 작품이 떨어지고 만다. 이런 피해는 새로운 품종일수록 심했다. 이를 방지하기 위해서는 10일 간격으로 살균제와 살충제를 뿌려줘야 한다는데 다세대 주택에서는 가능한 일이 아니었다.

국화 다음으로 약초 약목에 도전했는데 기초지식을 다지기 위해 한방약초 지식을 독학하기에 이르렀다. 독학은 신물이 날 정도로 몸에 배어 있어 싫증을 느낄 줄 모른다. 약초관련 도서를 한국, 일본 합쳐서 열 세 권을 구입하였다. 초기에 구입한 책은 제본한 실이 보일 정도로 읽고 또 읽었다. 한韓·漢방에는 어떤 약초나 약목도 단 한 가지로 병을 치료하거나 몸의 어느 부분을 활성화시키는 품목은 극히 제한적이다. 그 약초에 함유되어 있는 미세한 성분을 펑 튀겨 과장된 선전으로 현혹하는 현상은 보기에도 민망스러워진다. 오가

피, 구찌봉, 헛개나무, 백하수오, 산수유 등등. 몸에 좋고 만병통치나 되는 것처럼 TV에 오르내리고 있다. 한약은 거기에 맞는 여러 가지 약초를 합쳐서 오랜 시간을 끓여내는 과정에서 하나의 성분으로 만들어진다 하였다.

약초와 약목 아울러서 57종류를 수집했고, 첫 목표가 우선 백 종류를 확보하는 것이다. 들에도 산에도 약초는 널려있다. 그런데 목장지대의 약초들은 개발 사업으로 사라져가고 있다. 그 흔하던 곽형, 잔대, 향부자 등을 쉽게 찾아볼 수 없는 것도 안타까운 일이다.

옛날 중국에서 어느 한방 스승이 제자 세 사람을 가르치고 있었다. 2년이 지나고 3년이 지나도 수료하라는 말이 없었다. 제자 두 사람이 스승께 "이제 배울 만큼 배웠으니 졸업시켜줘도 되지 않겠습니까?"하였으나 스승은 2년을 더 배우면 된다면서 붙들었다. 꼭 2년째가 되는 날 스승은 꼴망태를 하나씩 나눠주면서 "지금부터 3일간 말미를 줄 터이니 산으로 들로 돌아다니면서 약으로 쓸 수 없는 식물을 찾아오면 수료증서를 발급하겠노라."하였다.

3일 후 두 사람이 신이 나서 먼저 돌아왔다. 그리고 약초가 아닌 풀을 스승께 드렸다. 나중에 돌아온 제자는 빈 꼴망태를 뒤집어보이며 "약으로 쓸 수 없는 풀이나 나무를 찾지 못했습니다. 죄송하게 됐습니다." 스승은 빈 망태로 돌아온 제자는 더 배울 게 없다 하여 내보냈다. 단오 날, 백 종류의 풀이나, 삼백 종류의 풀은 오장을 따뜻하게 하고 피를 맑게 하며 신진대사를 촉진시킨다 했다. 한방에서 볼 때 몸 안이 한寒 즉 차가움은 만병의 근원이라 했다. 피가 맑으면 혈행이 좋아져 석두가 명석한 두뇌로 변하므로 한번 도전해 보면 어떨까 하는 생각이 든다. 오는 단오 날에는 삼백 가지 풀을 수집할 계획이다.

세기의 작품이 맑은 머리에서 거미줄 같이 줄줄 나올지도. 너무 명석한 두뇌가 되어 거미줄처럼 얽혀버려도 걱정이다.

소 재 수

· 1939년 서울생, 1963년 서울상대 경제학과 졸업
· 미소문학 시부문 등단 · 미소문학 작가협회 회원
· 2015년 『서정문학』 수필부문 등단 · 한국서정작가협회 회원
· 동인시집 : 『세발자전거로 가보는 사람세상』
· E-mail: soxxsu@hanmail.net

인사말 이야기

桐村 소재수

"안녕하십니까"

"건강하시지요"

"요즈음은 사정이 좀 어떠하신가요? 재미가 여전하시지요"등 우리는 많은 인사를 아침부터 주고받는다.

마치 인사를 하기 위해서 생활을 해나가는 듯이 별로 의식도 하지 않으면서도 입에서는 무심코 자연스럽게 인사들이 쏟아져 나온다. 쏟아져 나온다는 표현이 좀 부적절할지는 몰라도 가만히 생각해보면 달리 표현할 적당한 말도 없다.

A씨의 하루 행적을 보자. A씨는 괜찮은 회사의 중견 사원이다. 아침에 일찍 일어나는 그는 잠을 깨기 위해 리모컨을 들어 TV를 켜고 간밤의 뉴스와 일기예보를 듣는다. 우선 아나운서들의 "시청자

여러분 안녕히 주무셨습니까?" 라고 아침 인사를 받는다. 부지런히 준비하고 밥 먹고 출근할 때는 아내의 잘 다녀오시라는 인사와 함께 눈에 넣어도 아프지 않을 만큼 귀여운 남매의 빠이빠이 인사를 받으며 집을 나선다. 엘리베이터에서 마주치는 이웃들과 가벼운 눈인사라도 나누고 나면 경비실의 경비에게 인사를 받고 주고, 버스를 타면 기사님들의 인사, 급해서 택시를 타도 '어서오십시오' 하는 친절한 인사를 받게 된다. 회사에 도착하면 아는 동료 직원들과 인사는 물론 마주치는 상사 중역들에게 공손한 예의를 표하고 자리에 오면 동료와 직속상관과의 인사 나눔이 있고, '일찍 나오셨다'는 인사와 함께 구두를 닦으라고 조르는 미화원에게 구두를 내주고 나면 급한 인사치레는 끝났나 싶지만, 다시 윗사람의 지시로 시내 출장이라도 있으면 다녀오겠다는 인사, 다녀와서는 잘 다녀왔다는 보고의 인사, 이쯤 되면 인사의 홍수에 떠밀려 익사할 것 같기도 하다. 하지만 A 씨는 오후의 홍수 같은 인사까지도 잘 견디고 퇴근길에는 친구 어머님의 장례식장에 들러서 친구 어머님의 영정에 하직 인사와 친구에게 위로의 인사를 끝으로 집에 오면, 아내의 '수고하셨다' 는 눈인사와 꼬마들의 안녕히 다녀오셨냐는 인사를 마지막으로 하루의 동선에서 굽이굽이 마다 거르지 않고 행해진 인사의 퍼레이드가 끝이 난다. 꿈이라도 꾸는 날에는 어김없이 꿈속의 인사가 또 계속되기도 하지만.

나는 가끔 인사에 대해서 곰곰이 생각해볼 때가 있다. 우리가 공기가 없으면 잠시도 생명을 부지 못하면서도 숨 쉬고 있는 공기 자체를 의식하지 못하고 살아가는 것처럼, 늘 몸에 배어 있어 인사의 본래의 뜻과는 다르게 마치 자동문 앞에 가까이 가면 당연히 문이 열리는 정도로 밖에 안 여기는 것이나 아닌지.

그러나 조금만 주의를 기울여보면 꼭 그렇지만은 않은 것 같은 감정을 느끼게 됨은 인사가 단순한 통과의례가 아닌, 그 시대의 절실했던 환경의 구호라고 느껴지기도 하기 때문이다.

서부 개척시대의 총잡이들 간의 악수는 내 손에 무기를 가지고 있지 않다는 표시라고 한다. 그렇다면 처음 만나서 서로 부둥켜안고 나누는 인사에는 가슴에 숨겨둔 흉기가 없다는 것을 확인하는 절차가 아니었을까. 그때는 법보다는 총질이 먼저였을 테니까. 바로 생존에 관한 일이니까.

6.25 사변의 난리 통에 피난도 가지 못하고 석 달 남짓을 서울에서 보낸 악몽 때문에 1.4 후퇴 때는 앞뒤를 생각해볼 겨를도 없이 피난길에 나서서 간 곳은 진해를 거쳐 충청도의 외가였다. 여기서 피난살이의 애환을 이야기하자는 것은 아니고 그곳에서 보낸 3년 여의 어린 시절에 특히 기억에 남는 인사 예절에 관한 것이다. 그곳은 깊지 않은 산골에 아담한 동네로, 양반들의 집성촌이어서 동네의 모두가 일가친척 어른이고 예절 선생님들이었다.

“밤새 안녕히 주무셨습니까?” 아니면

“편히 주무셨습니까?” 하는 문안의 말씀이 아침 인사이고

조금 지나서 아침 식사가 끝났을 만한 시간 이후에는
"진지 잡수셨습니까" 하는 노인 어르신네에 대한 인사,
"아침 자셨는가?" 혹은 "조반은 하고 나왔는가?"라는 것은 조금 젊은 사람들 끼리 나누는 일반적인 인사말이다.

그때는 어린 마음에 인사하는 게 싫어서 멀리서 어른들 기색이 보이면 눈치껏 살짝 숨는다든가 어른들이 집 앞을 헛기침하며 지나가기를 기다렸다가 나오는 잔꾀도 부려 보았지만 그것도 한두 번이고, 아침마다 시니어 주니어 구별해서 인사를 열심히 드리는 수밖에는 다른 도리가 없었다. 그것은 그 동네에 사는 모두가 지켜야 하는 예절이었으니까.

지금 생각해보면 인사말 한마디라도 그 시대의 환경이 그런 인사말을 만들지 않았나 싶다. 이른 아침에 하는 '밤새 편안하고 안녕하시냐' 라는 간밤의 안부 인사는 의료나 식생활의 빈곤으로 평균 생존 나이가 지금보다 훨씬 짧고 응급환자가 생겨도 의료나 고급 약의 도움을 받기는커녕 우왕좌왕하다가 변을 당하는 그야말로 '밤새 안녕'의 불행한 일이 비일비재하였을 것이기에 그런 인사가 일 순위로 제일 중요한 것이 아니었을까, 다음으로는 아침식사 여부를 묻는 인사 또한 가난으로 보릿고개를 넘기기 어려운 세월을 보내면서도 우리 가족의 끼니만큼이나 중요한 것이 한동네 사람들의 끼니였을 것이다. 낮에는 품앗이로 같이 일하고 밤에는 모닥불 피워놓고 같이 모여 참외 몇 개를 나누며 정으로 한 덩어리가 되는 마을에서, 굶는

이웃이 있다면 그 시절의 인심으로는 그냥 못 넘어가는 중대한 사건이었을 것이었다. 그야말로 생존에 관한 확인, 굶주림으로부터의 확인, 이 두 가지가 무엇보다도 한 마을을 이루는 인간들에게는 공동의 책임 하에 기본적으로 해결되어야 하는 최소한의 필수 조건이었을 것이다.

이제는 이런 일들이 인사의 주제가 되지 않아도 될 만큼 우리 사회는 발전적으로 변했다. 오히려 노인들의 건강과 복지가 향상되고, 넘쳐 낭비되는 음식물 쓰레기를 고민하고, 다이어트가 인생의 목표인 양 호들갑을 떠는 풍요의 시대가 온 것이다. 다만 아쉬운 것은 물질적인 풍요에 비례해서 정다운 이웃이라는 아름다운 인간관계는 점점 실종되고 고령화 세대의 고독과 무의미한 생명의 연장이 젊은 이들에게 점점 짐이 되고, 급기야는 무분별한 자원의 낭비로 오리려 식량 부족, 물 부족을 걱정하는 지경에까지 이르렀다는 사실이다.

지금은 무슨 인사말로 인사를 나누어야 할까, 생각해봐도 무릎을 탁 칠만한 인사말이 떠오르지 않는다. 아마 사회가 너무 건조하고 정이 없어서 그런 것이 아닐까. 이제는 적당히 누리는 풍요와 이웃의 정이 오롯이 담겨서, 온 가정이, 온 마을이, 온 사회가 따뜻한 가슴을 서로 느끼며 살 수 있는 주름살 없는 아름다운 인사말이 하나 생겼으면 좋겠다.

윤송석

· 2008년 『서정문학』 수필부문 신인상
· 계간 『대한문학세계』 소설 등단
· 한국방송통신대학교 국어국문학과 졸업
· 전) 서정문학 발행인
· 2014년 한비문학상 수필부문 대상 수상
· E-mail: yunsongsuk@hanmail.net

비탈에 선 청춘

윤송석

꽃다운 나이, 열여섯 살 되던 해 가을에 나는 세상에 첫발을 내디뎠다. 초등학교 내 동기들은 모두 중학교에 들어가 세계 공통어인 영어를 배우고 익히며 신세계를 경험하고 있을 때이다. 나는 빈궁貧窮에 허덕이는 가정형편 때문에 연필 대신 낫을 들고 풀을 베고, 책가방 대신 지게를 지고 산에 올라가 땔감을 구하고, 책을 펼쳐놓고 공부하는 대신 이웃집을 전전하며 날품팔이로 세월을 보내고 있었다.

그러던 어느 날, '시골에서 아무 희망도 없이 소처럼 일만 하느니 차라리 화려한 도시 한복판에서 멋지게 일하는 게 훨씬 낫겠다.' 라는 생각이 들었다.

맹모삼천지교孟母三遷之敎의 교훈에서 알 수 있듯이 환경이 사람을 만든다고 했던가? 이웃에 사는 담양아제의 아들(윤철호)이 전라북도 익산에서 돈을 잘 번다고 해서, 추석 명절 뒤에 그 형님을 따라가기로 했다. 그는 요릿집 주방장이었다. 나는 추석이 돌아오기를 설레는 마음으로 손꼽아 기다렸다. 추석 명절을 맞아 그 형님이 고향에 내려왔다는 소식을 듣고는 뛸 듯이 기뻤다.

고향을 떠나올 때 일이다. 동네 어귀까지 전송하다 말고 눈물짓던 어머니의 모습은 저녁노을이 붉게 물들 때마다 어른거렸다. 어린 자식을 낯선 객지로 보내는 어머니의 심정은 오죽했으랴만 너무 철이 없었던 고로 그때는 미처 몰랐다.

"몸 성히 잘 있다, 오그라잉!" 하시며 끝말을 더는 잇지 못하고 두 뺨에 눈물이 자꾸만 흘러내리는 어머니를 뒤로하고 버스에 몸을 실었다.

철호 형님의 소개로 낯설고 사연 많은 내 인생 무대의 제1막 1장의 커튼이 스르륵 열렸다. 사회에 첫걸음을 떼게 된 것이다. 그곳은 전라북도 익산시당시 지명은 이리의 고궁古宮이라는 요릿집이었다.

'요릿집' 하면 기생이 생각나고, '기생妓生' 하면 가장 먼저 글과 그림과 춤 그리고 가야금에 능한 교양과 품격을 갖춘 황진이, 매창, 계월향 등이 떠오를 것이다. 그녀들은 '몸'이 아니라 예술적 재능을 팔았던 고품격 기생이었다.

내가 취직한 고궁은 시詩, 서書, 화畵에 익숙하고 솜씨가 좋은 기생들이 아니라 그야말로 화류춘몽花柳春夢의 주인공들이 밤마다 술을 팔고, 노래를 팔고, 웃음을 팔고 그리고 더러는 한 떨기 꽃과 같은 몸을 팔기도 하는 요릿집이었다.

당시에 나는 요정料亭이 어떤 곳인지도 모른 채, 그 형님을 따라서 그 집의 문을 열고 대여섯 계단을 올라서니, 널따란 뜨락에는 제법 큰 연못과 명품 소나무를 비롯해 정원수가 우거져 친근감을 주었고, 정원을 앞에 둔 2층 기와집이 품위를 한층 높여주고 있었다. 그 기와집이 곧 고궁古宮이었다.

그곳에서 일하는 아가씨는 40여 명이었다. 그녀들은 커다란 방 하나에서 숙식을 하고 있었는데, 잠을 잘 때는 두 줄로 나뉘어 발을 가운데로 한 채 나란히 잤다. 방안 위쪽에는 견고한 선반이 설치돼 있었고, 아가씨들의 옷가방과 소지품 등이 거기에 자리를 차지하였다. 그녀들은 부모님이 지어준 이름을 부르지 않고, 이를 테면 김양 언니, 박양 언니, 윤양 언니 등으로 통했다.

고궁에서 나의 임무는 요리사들과 찬모 아주머니를 돕는 잔심부름을 하는 것이었다. 요릿집에 딸린 식솔이 자그마치 60여 명 내외였기에 뒤뜰 공간에 가마솥을 걸어놓고 불을 지펴서 밥을 했다. 그때 나는 나무상자 등을 분해해서 불을 지피는 일을 도왔고, 식사를 마치면 설거지는 내 몫으로 돌아왔다.

어스름 저녁이 되면 손님이 오기 때문에 오후에는 안줏감을 준비한다. 요리사들이 생률生栗을 치는데 위아래가 나부죽한 모양이 되도록 한 다음 측면을 날렵한 솜씨로 빚어 조각품처럼 보기 좋게 깎아놓고, 마른 오징어나 과일로 갖가지 꽃모양의 안주를 만들어 놓는다.

상차림을 보면, 교자상 위에 백지를 깔고 각종 크고 작은 식기에 담은 요리가 차려진다. 요리 중에서 가장 눈에 띄는 것은 단연 신선로이다. 신선로는 한국의 전통음식 중 으뜸으로 손꼽히는데, 색깔도 곱고 고급스러운 음식으로 옛날 왕들이 즐겨 드시던 궁중음식이다. 거기에다 화려하고 먹음직스러운 화채, 생과일로는 사과, 배, 바나나 등이 올라가는데 절대 통째로 놓는 법이 없다. 언제라도 과일안주는 꽃모양을 수놓아 보기 좋고 먹음직스럽게 장식한다. 일반 가정에서 제사 때나 또는 추석 명절과 설 명절 때 지극한 정성을 들여 상을 차리더라도 요릿집에서 내놓는 상차림보다는 화려하지 않다. 전문가의 손길을 거친 각종 안주는 살아 있는 꽃과 같고 군침이 돌만큼 먹음직스러워, 마음대로 마구 먹기도 조심스러울 만큼 그림 같은 상차림으로 빛을 발한다.

요릿집을 생각할 때마다 마치 어제 일처럼 선명하게 떠오르는 일화가 있다.

때는 찬바람이 부는 늦가을, 정원 한가운데 있는 연못을 청소하는 날이었다. 연못 안에는 낙엽이 수북이 쌓여 있었고, 바위에는 이끼가 잔뜩 끼어 있었다. 먼저 낙엽을 모조리 건져내는 작업을 하고, 수도에 연결한 호스로 물을 뿌려서 이끼를 제거하여 말끔하게 하려는 것이었다.

시골에서 자란 나는 그따위 허드렛일은 자신이 있었다. 일이라면 몸을 사리지 않는 성격이라 팔을 걷어 부치고 바지를 걷어 올린 다음 다부지게 덤벼들었다. 한창 일하던 중에 발을 잘못 디뎌서 이끼에 미끄러지는 바람에 그만 연못에 빠지고 말았다. 다음 순간 나는 많이 당황하여 울음보를 터뜨리고 말았다. 같이 일하던 사람들이 왜 우느냐고 물었다.

"옷이 두 벌 밖에 없는데 한 벌은 아침에 빨아서 널어놓았거든요. 입은 옷이 젖었으니 이제 입을 옷이 없어요."

이 사건 사고 소식을 접한 한 아가씨를 통해서 소문이 쫙 퍼져나갔다.

"막내가 연못 청소를 하다가 물에 빠졌는데 입을 옷이 없다네."

그날 저녁 무렵 최고참, 원양原樣, 30세 누나가 부른다기에 달려갔더니, 그녀의 손에는 두툼한 옷이 들려 있었다. "누나, 부르셨어요?" "응, 그래 막내야? 아까 청소하다 울었다면서, 그 소식을 듣고 누나들이 100원씩 내서 너 주려고 이 스웨터sweater를 사왔어. 우리 막내 마음에 들지 모르겠네. 갖고 가서 입어라." 그녀는 방안에 누나들이 보는 데서 선물 증정식을 가졌다. 고맙다는 인사를 하면서 그녀가 내민 선물을 받자 큰 박수소리가 터져 나왔다.

나는 그 요릿집 종업원 중에서 최연소자였다. 그래서 '막내'라는 이름으로 통했다. 사실 그녀들은 내게 이런저런 심부름을 시켰다. 나는 누나들이 사오라는 것을 군소리 하지 않고 잘도 사다 주었다. 대부분 약국에서 파는 물건이 많았다. 나중에 알게 된 사실이지만 그 품목은 '생리대', '콘돔', '피임약'이 주를 이루었다. 당시 나는 몸이 가벼워서 일어섰다 하면 뛰어다녔다. 누나들이 심부름을 시키면 쏜살같이 즉시즉시 사다 바쳤다. 그래서인지 누나들 모두 막내인 나를 무척 사랑스러워했다.

나는 대부분 주방에서 일을 했는데, 됫병(한 되를 담을 수 있는 분량의 병)의 정종을 주전자에 붓고 따끈하게 데우는 거라든가, 주방장이 담아준 안주를 상에 놓는 거라든가, 설거지를 하는 등의 소소한 일을 했다.

그런데 가끔 웨이터 형들이 잠깐 자리를 비운 사이에 누나들이 부를 때가 있었다. 그러면 지체하지 않고 손님방에 주문한 것을 가지고 들어갔다. 이때 '노크' 하는 걸 모르던 나는 그냥 방문을 열고 들어갔는데, 그때마다 남자 손님이 곱게 차려입은 누나의 옷고름을 풀고 가슴을 만지고 있다가 멈칫하는 장면이 속출했다. 어떤 때는 치마 속으로 손을 넣어 무슨 짓을 하고 있었는지 민망한 눈길로 방 안에 있는 모두가 '동작 그만' 의 자세로 어처구니없는 표정이 역력하곤 했다.

"막내야? 손님방에 들어올 때는 노크를 하고 들어와야지! 다짜고짜 문을 열고 들어오면 손님한테 실례가 된단다. 알았지!"

방문을 거침없이 열고 들어가는 나의 행동이 몇 차례 반복되자 한 누나가 불러서 조용히 타이르는 것이었다. 나는 손님들이 누나들의 가슴을 만지고 치마를 들추는 짓을 왜 하는지 이해할 수 없었다. 짓궂은 손님들 때문에 누나들이 밖에 나와 펑펑 우는 모습을 본 적도 있다. 어떤 때는 치맛자락이 찢겨진 채 황망한 표정으로 손님방에서 나오는 것을 목격하기도 했다. 술을 억지로 마신 탓인지 너무 많이 마셨는지 밤마다 토하는 누나도 있었다. 그럴 때 나는 매우 힘들어하는 누나에게 다가가 등을 토닥거려주기도 했다.

한 번은 정원에 호스로 물을 주고 있는데 새로운 아가씨가 들어왔다. 나중에 들으니 광주光州에서 온 여자라고 했다. 그때 내 마음속에 진한 안타까움이 맴돌았다. '광주'라는 그 단어가 주는 친근감은 마치 고향 동네의 누나인양 생각되었다. '그녀는 왜 이곳에 온 것일까? 저토록 예쁘고 참한 누나가 하필이면 왜 이곳에 와야 했단 말인가?' 그녀가 고궁에 온 것은 뭔가 잘못 돼도 많이 잘못된 느낌이 들었다.

미스코리아를 선발하는 기준이 무엇인지 모르나, 광주에서 왔다는 그 누나야말로 미스코리아라 해도 손색이 없을 미모였다. 양장옷을 입은 그녀의 호리호리한 몸매와 또렷한 얼굴이 한 눈에 봐도 아름답다고 느낄 정도였다. 그러나 그녀에게 아무 말도 묻지 못하고, 그냥 마음속으로 안타까움을 곱씹으며 안절부절못할 뿐이었다.

고궁에서 겪었던 일 가운데 오래도록 가슴을 저리게 한 사건이 있었다.

그날도 주방에서 일을 하고 있었는데 밖에서 난데없는 통곡소리가 고막을 찢을 듯이 들려왔다. 나가서 보니, 한 누나가 땅바닥에 털썩 주저앉아 자기 가슴을 치며 울고 있었다. 도대체 무슨 일이 벌어졌기에 그토록 망연자실 울고만 있을까? 저러다 혼절하면 어쩌나 싶을 정도로 가슴을 쥐어뜯는 통곡이었다.

찬모 아주머니가 주방으로 들어와서 그 사연을 들려주었다.

그 누나의 저금통장과 도장을 다른 누나가 훔쳐 달아난 것이었다.

그 돈은 그녀가 시집갈 때 쓰려고 한 푼 두 푼 모아놓은 것이었다고 한다. 그 돈이 어떤 돈이냐? 남자 손님들과 잠자리를 해서 수년간 모아놓은 돈이었다. 세상에는 많은 종류의 돈이 있겠지만, 그 돈은 뭐라고 말할 수 없는 처절한 돈, 차마 목이 메어 입 밖으로 꺼내기조차 서글퍼서 눈물 어릴 돈, 내키지 않는 웃음을 팔고 애달픈 노랫가락을 팔고 비탈진 청춘을 팔면서 억울함도 서러움도 고달픔도 역겨움도 온갖 멸시도 참고 견디며 한 푼 두 푼 모았다는 그 돈, 그 돈을 하루아침에 잃고 끝없이 탄식하며 엉엉 울고만 있는 것이었다.

이 재 성

· 서울교육대학교부설초등학교 교사
· 한국동요작곡가협회 운영위원
· 2013년 『서정문학』 동시부문 신인상
· 한국서정작가협회 회원
· E-mail: js-tch@hanmail.net

너는 더 이상 장애인이 아니야!

이재성

생각해보니 그 아이(가명) 때문에 내가 지난 1년 동안 힘들었거나 교사로서 아이들 지도에 부담을 느꼈었던 기억은 전혀 없다. 누가 보더라도 그 아이로 인해서 뭔가 힘들었어야 당연할 것인데 너무나 자연스럽게 1년이 지나갔던 것 때문일까? 지금 이 글을 쓰고 있는 이 순간 그 아이는 물론 그 해 우리반 모든 아이들에게 새삼 고마움을 느낀다.

3월 2일 새학기가 시작되고 설레이는 마음으로 들어온 6학년 교실. 2년 전에 지도했던 아이들이 군데군데 보이고 처음 만나는 아이들도 여럿 있었다. 이 아이들이 4학년 때 나도 4학년 담임이었고 6학년 때 다시 6학년 담임으로 만난 것이다. 그런데 한 아이가 의자에 앉아 있는 모습이 왠지 편안해 보이지 않았다. 그 아이에게 조금 더 눈길이 갔을 때 나는 그 아이에게서 눈을 뗄 수가 없었다. 의자에 앉아 있기는 한데 다리가 바닥에 닿지 않고 앞으로 쭉 뻗어 있었다. 그런데 다리 길이가 워낙 짧아 의자보다 약간 나와 있는 정도에 지나지 않았다. 마치 유치원생이 초등학교 6학년 언니 의자에 앉아 있는 것과 같은 모습이었다. 예전 4학년을 지도할 때 복도에서 종종 마주친 적은 있지만 여느 아이와 마찬가지로 같은 반에서 만나게 될 줄은 전혀 짐작하지 못했다.

우리반 3번 김진수.

진수로 인해 우리 반은 6학년 학급이면서도 5층에 위치하지 않고 2층에 위치하게 되었다. 그리고 한 3~4일 정도? 진수는 그 의자에 그렇게 앉아 수업을 들었던 것 같다.

한 주가 채 얼마 지나지 않아 진수 어머니께서 전화를 주셨다. 진수에 대한 이런 저런 대화가 끝나갈 즈음 진수 어머니는 진수 의자가 따로 있을 거라고 그 의자를 가져다 앉게 해달라고 하셨다. 다음날 나는 아이들에게 물어 보았다. "진수 의자 따로 있니?", "네. 선생님 진수 의자 따로 있어요." "아니 그럼 선생님한테 얘길 해주지 그랬어?", "그리고 진수야! 불편하면 선생님한테 먼저 얘길 하지 그랬니?" 나는 진수 의자가 따로 있었다는 것을 몰랐다는 사실에 아이들에게 원망 반 부끄러움 반이 섞인 마음으로 얼른 학생을 보내 진수 의자를 가져오게 했다. 마침 진수가 있던 전 교실에서 빼놓으려고 바깥에 내어 놓은 상태였다. 가져온 의자를 보니 정말 진수에게 맞춤식으로 만들어진 의자였다. 의자 다리 부분 반 정도의 높이에 발판을 하나 덧댄 의자였다. 진수에게 의자를 바꾸어 앉게 했더니 혼자 씩씩하게 발판을 밟고 올라가 앉는 것이었다. 그 때서야 진수는 자기 집에 온 것처럼 편안해 보였다. 그리고 교과서를 펴고 공부할 준비를 했다.

또래 아이들 키에서 대략 반 정도 올라오는 키에 걸음걸이도 휘청휘청 걷는 것처럼 신체적인 조건이 분명 정상적이지는 않은 아이. 말을 할 때에도 진수 어머니 말씀대로 구강 구조가 조금 문제가 있어 새는 듯한 발음에 어눌한 느낌마저 줄 수 있는 아이. 하지만 진수는 다른 정상적인 아이와 똑같이 축구도 하고 피구도 하고 무엇을 하던지 열심히 몸을 움직였다. 청소할 때에도 진수가 지나간 자리는 항상 깨끗했다. 읽기 시간에도 자신이 책을 읽을 차례가 되면 또박또박 읽으려고 노력하는 모습이 역력히 보였다. 무엇보다 학습 태도가 매우 우수했다.

진수는 여느 아이 못지 않은 모범생이었다. 친구들과의 사이에도 필요하지 않은 말은 전혀 하는 법이 없었고 어떤 면에 있어서는 상당히 과묵했다. 그 나이 친구들에 비해 분명 성숙했다고도 할 수 있을 것이다. 친구들도 진수를 함부로 대하거나 무시하거나 하는 일은 전혀 없었다. 무슨 일을 함께 해야 할 때에도 먼저 진수에게 의견을 물어보았다. '장애' 라는 단어. 진수는 이미 장애인이 아니었다.

봄 빛 가득한 5월의 첫째 날, 우리 학교에서는 어린이날을 앞두고 운동회가 있었는데 5인 1조 달리기에 진수도 참가하게 되었다. 정상적인 다른 아이들조차 서로 먼저 결승점을 통과하려고 만반의 준비를 갖추어 임하는 이 달리기에 진수의 의사를 물어보니 진수도 흔쾌히 뛸 수 있다고 했다. 운동회 당일, 나는 운동회를 총괄 진행해야 되는 상황이어서 조회대 앞에 나와 질서를 유지시키고 운동장 이곳, 저 곳을 살펴보며 경기를 진행하고 있는데 어느새 진수가 저만치 뛰고 있는 모습이 보였다. 보는 사람마저도 안쓰럽게 느껴질만큼 뒤뚱뒤뚱 뛰는 모습. 하지만 멀리서 보더라도 진수의 얼굴에서는 행복한 미소가 피어나고 운동회를 나름대로 즐기고 있음을 알 수 있었다. 그리고 다른 친구들과 맞추어 뛰고 싶다는 듯 열심히 뛰고 있었다. 운동장에 모인 모든 사람들 역시 진수에게 연신 환호와 격려의 박수를 보내 주었다. 이 날 진수는 분명 다른 친구들보다는 늦게 결승점을 통과했지만 불리한 신체 조건을 가지고도 끝까지 운동장 한 바퀴를 완주한 진수는 그 누구보다도 오늘 달리기 부문에서 1등이었고 운동회의 MVP였다.

이와 같이 크고 작은 일들을 거치며 그렇게 1년의 시간이 지나갈 즈음 학교에서는 6학년 담임 교사들을 대상으로 졸업 사정회를 실시하였다. 졸업생들에게 주는 상을 정하고 대상자를 선별하는 회의였다. 나는 지체없이 진수를 지역교육지원청에서 관내 학생들 중 학교에서 부문을 정해 추천한 학생에게 주는 지역교육지원청 학생상 극기 부문에 추천을 하였고 마침 다른 부문에서 적절한 대상자가 나타나지 않았던 터라 졸업 사정회에서는 만장일치로 통과되었다.

지역교육지원청 학생상은 효행, 봉사, 선행, 환경, 극기의 5가지 부문 중 학교당 1명을 선정하여 부문을 정해 추천하게 되어 있다.

이미 여러 해 6학년을 맡아 졸업을 시켜본 경험이 많았던 나는 지역교육지원청 학생상 극기 부문에 진수만큼 우리 학교에서 적합한 학생은 없다고 생각해 오곤 했었다. 그리고 추천할 기회가 되면 꼭 추천해서 진수가 그 상을 받게 해주고 싶었다.

비정상적으로 작은 키에 작은 다리마저 활처럼 바깥쪽으로 휘어진 다리. 말하는 것 조차 발음이 새는 아이. 자신의 신체 조건을 평생 운명으로 받아 들이고 살아가야만 하는 아이. 1년 동안 진수와 함께 같은 교실에서 생활하면서 특별한 도움을 제대로 못 준 것 같아 미안했다. 하지만 지금 생각해보면 특별한 도움을 주어야만 한다는 생각 자체가 비장애인의 편견일 수 있고 장애를 갖고 있는 사람에 대한 예의는 아닌 것 같다. 스스로 이미 장애를 극복하고 정상인과 마찬가지로 생각하고 행동하려는 사람에게 장애인이라는 편견을 갖고 안쓰럽게 바라본다던지 부탁하지도 않았는데 뭔가 도움이 필요할 거라는 생각에 부산함을 떠는 행동 등은 어쩌면 장애를 갖고 있는 사람을 오히려 불쾌하게 만드는 요인이 될 수도 있을 것이다.

어느덧 11월이 되어 중입배정원서를 쓰는 기간이 다가오자 진수 어머니께서 연락을 주셨다. 집 가까운데에서 다닐 수 있도록 하고 싶다는 말씀이셨다. 중입배정원서를 작성할 때에는 진수와 같이 특별한 사정이 있는 학생은 사전에 근거리 배정 신청을 하여 미리 원하는 중학교를 배정받을 수 있다. 진수의 경우는 그렇게 하지 않아도 원하는 중학교가 집 가까이에 있어서 그 학교에 배정받는 것은 거의 확실하지만 학부모님 입장에서는 할 수 있는 한 미리 안전하게 조치를 취하고 싶으셨던 모양이다. 만에 하나 그 학교에 배정이 안 된다면 길 건너편에 있는 이웃 중학교를 가게 되기 때문이다. 그렇게 되면 진수가 작은 키와 불편한 다리로 유난히 교통량이 많은 대교 북단 4거리 횡단보도를 매일 아침 저녁으로 건너야 하는 상황이 생긴다. 다행히 진수는 근거리 배정 신청이 바로 접수되어 집 앞에 있는 원하던 중학교에 갈 수 있게 되었다.

진수처럼 신체가 정상적인 다른 사람들과는 달리 유난히 작거나 신체의 일부분이 불편한 것만이 장애일까하는 생각을 해본다. 지금 맡고 있는 우리반의 영리한 어느 아이가 서로 다름을 존중하는 것을 배우는 수업 시간에 했던 "안경 쓴 사람들도 장애인이라고 할 수 있어. 너도 될 수 있고 나도 될 수 있어." 하는 말처럼 생각하기에 따라서 어딘가 불편한 점이 있다면 누구나 장애를 갖고 있다고 볼 수도 있을 것이다. 또는 신체가 정상적이어도 생각과 마음이 정상적이지 않고 건강하지 않으면 그 또한 장애라고 할 수 있을 것이다. 하지만 자기가 갖고 있는 신체적인 불편, 정신적인 불편 등을 이미 극복한 사람에게 "저 사람은 장애가 있는 사람이야." 라고 말할 수 있을까?

장애를 극복하고 이미 정상인이 되어 있다는 것을 말이 필요없이 생활로써 보여준 진수에게 담임으로써 함께 지낸 1년 동안 너무나 잘 생활해 주어 고맙다는 말을 전하고 진수를 다른 아이들과 다르지 않게 대하고 잘 지내준 우리반 아이들에게도 감사한 마음을 전하고 싶다. 그리고 무엇보다 진수가 앞으로도 학교에서 그랬던 것처럼 꿋꿋하고 자신있게 잘 살아나갔으면 한다.